HELLO
HAWAII
OAHU & HAWAII
HONOLULU, KAILUA, NORTH SHORE, KONA, HILO, HONOKA'A

オアフ島 / ホノルル・カイルア・ノースショア
ハワイ島 / コナ・ヒロ・ホノカア
［ショップ&レストランガイド］

TABLE OF CONTENTS

WHAT'S TO LOVE
ABOUT HAWAII

4

ハワイの魅力とは

AREA 1
HONOLULU

10

エリア 1
ホノルル

AREA 2
KAILUA

54

エリア 2
カイルア

AREA 3
NORTH SHORE

72

エリア 3
ノースショア

BEST THINGS
TO DO IN HAWAII

90

ハワイで遊ぶ

AREA 4
HAWAII ISLAND

94

エリア 4
ハワイ島

MADE IN HAWAII

120

ハワイの名品カタログ

STAY IN HAWAII

126

ハワイに泊まる

TRANSPORTATION

136

交通事情

SHOP & RESTAURANT LIST

140

ショップ＆
レストラン一覧

HOW TO READ
THIS GUIDEBOOK
本書の読み方

〈道路名の略号〉

Ave. → Avenue   Hwy. → Highway
Blvd. → Boulevard   Rd. → Road
Dr. → Drive   St. → Street

〈アイコンについて〉

ADDRESS 住所
TEL 電話番号
URL ホームページ
HOURS 営業時間
CLOSED 定休日
（※但し、独立記念日、サンクスギビング、
クリスマスの休日についてはショップにより異なる）

CREDIT CARD 取り扱いクレジットカード
WiFi WiFiの有無

〈クレジットカードの略号〉

A → アメリカン・エクスプレス
M → マスターカード
V → VISA

What's to love about HAWAII

ハワイの魅力とは

EVERLASTING SUMMER
青い空と海に囲まれた常夏の島

ハワイと聞いて思い浮かべるのは白い砂浜の先に広がる青い海。リゾート地として世界的にも有名だが、アメリカ本土からの観光客に次いで日本人が多いといわれる。特に日本人の間でダントツ人気のオアフ島は繁華街とビーチが近いため気軽に行き来でき、朝昼夜と時間帯にあわせて楽しみ方も自在だ。ハワイ州は亜熱帯性気候に属し4月〜9月が乾季、10月〜3月が雨季とされ、年間平均気温24度と1年を通して過ごしやすいのが特徴。

NO RAIN, NO RAINBOW

虹の州と呼ばれるハワイ

通り雨が多いハワイでほぼ毎日といってもいいほど遭遇する虹。昔から幸せのシンボルとして崇められ、ハワイ語で「アヌエヌエ」と呼ばれる虹には多くの伝説や神話がある。中でも有名なのがダブルレインボーを見た人は再びハワイに戻ってこれるという言い伝えだ。さらに願い事を唱えるとその願いが叶うとの説もある。街中では至る所で虹を使った店名や看板、お土産に出会える他、ハワイ州で登録した車のナンバープレートも虹のマーク入り。

NATURE ISLAND
雄大な自然から溢れるパワー

ビーチ以外にも様々な自然が満喫できるハワイ。オアフ島には火山活動で形成されたダイアモンドヘッドやトレイルコースで知られるマノアの滝、5000種類の植物がある自然公園ワイメアバレーなど盛りだくさん。またハワイ島にはかつて王族が住んでいたとされる神聖なワイピオ渓谷や世界遺産に指定されているキラウエア火山などがあり、観光客向けのツアーが組まれている。ハワイの奥深さを感じるには自然が織りなす絶景を見るのが1番だ。

EATING OUT & SHOPPING

食事にショッピングと大忙し

旅の醍醐味といえば食事とショッピング。何度も訪れている人には行きつけのレストランが1軒や2軒はあるはず。ハワイアンからアメリカン、イタリアンに日本食、そしてシェーブアイスにパンケーキと種類も豊富で、滞在中の食事の回数では足りないほど。そしてショッピングはブランド物が立ち並ぶワイキキ、ショッピングモール、個人経営のお店と幅広い。なにはともあれハワイの州税は4.712%ということと食事の際はチップを忘れずに。

MARINE LEISURE

念願のサーフィンデビュー

130以上の島からなるハワイ列島は現在も溶岩が噴出しているため、その影響で海底が高く隆起しているところがある。それによりサーフィンに適したブレイクポイントが多いといわれ、世界中のサーファーがハワイに押し寄せる。ノースショアではプロサーファーのライドを目撃することも珍しくない。またワイキキビーチやアラモアナビーチでは初心者でも安心のサーフレッスンが楽しめ、日本語を話せる指導者も多いのでサーフィンデビューには絶好のチャンス。

HAWAIIAN CULTURE

ハワイの伝統的な歌謡音曲の総称がフラ

ハワイ語でフラはダンスを指す言葉。元来フラは神々の踊りとされ、ハワイの伝統舞踊としてポリネシア系先住民の伝承や神話を元に創作されたといわれている。そこにメキシコ人が持ち込んだギターやポルトガル移民が持ち込んだ小型弦楽器が融合し、20世紀前半以降よく耳にするハワイアンミュージックが盛んになった。ハワイ人の血が入った人のことをハワイアン、生まれ育ちがハワイでハワイ人の血が入っていない人のことをローカルと呼ぶ。

AREA-1

HONOLULU

DOWNTOWN, KAHALA, MANOA, WAIKIKI

ホノルル／ダウンタウン、カハラ、マノア、ワイキキ

ホノルルといえばオアフ島の州都であり、かつてはハワイ王国の首都が置かれていたこともあるオアフ島最大の都市。パールハーバーからマカプウポイントまでの南東沿岸に広がり、ホノルル市郡内にダウンタウンやワイキキ、カハラ、マノアも含まれる。ハワイ州全体人口の7割を占めるホノルルはまさに中心部で、さらにハワイの歴史を象徴するカメハメハ大王像やアロハタワー、イオラニ宮殿など数多くのランドマークも集中している。ハワイ州の重要な玄関口、ホノルル国際空港も市内に入る。

What is DOWNTOWN
[ダウンタウン]

19世紀初頭にハワイ諸島統一を成し遂げたカメハメハ1世の像が建つアリイオラニ・ハレ（ハワイ旧裁判所）があるのがダウンタウン。ワイキキの西側に位置し、ハワイ州のビジネスと政治の中心地とされている。隣り合わせにあるチャイナタウンにレストランやお店が増えたことで、観光客にも注目されるエリアとして知られるように。

What is KAHALA
[カハラ]

ハワイのビバリーヒルズとも例えられるカハラはまさに高級住宅街。ワイキキから車で約15分のこのエリアはダイアモンドヘッドの東側からザ・カハラ・ホテル＆リゾートまでと限られた範囲内だが、多くの有名人やセレブが別荘を所有する。100軒以上の店舗が入る屋内型のカハラモールはのんびりショッピングが楽しめる穴場でもある。

What is MANOA
[マノア]

ホノルル東部に位置するマノアはワイキキ中心部から約1.5kmの距離とは思えないほど自然に囲まれたエリア。閑静な住宅地だが、全米人気ドラマ「ロスト」の撮影地にもなったマノアの滝があることでも知られる。乾季でも降雨量が多く虹の遭遇率も高いため「虹の滝」と呼ばれることも。またハワイ大学マノア校があることでも有名。

What is WAIKIKI
[ワイキキ]

「湧く水」という意味を持つワイキキ。ハワイ王国時代は湿地帯だったため、タロイモ水田や養魚池として利用されていた。当時は王家の別荘などもあり、点在する王族ゆかりの場所には指標が建てられている。ハワイ王国崩壊後は、ホテルの建設が進みリゾート地として開発。約3kmにわたる8つのビーチを総称したのがワイキキビーチ。

HONOLULU [DOWNTOWN | KAHALA | MANOA | WAIKIKI]

APB SKATESHOP

チャイナタウン随一の
スケートショップ

ハワイのスケートボードシーンを牽引する存在。〈ナイキ〉〈コンバース・コンズ〉のシューズから〈アンタイヒーロー〉〈ファッキンオーサム〉のデッキ、〈ハフ〉のウェア類まで豊富な品揃え。デッキの組み立てもオーダー可。

ADDRESS 185 N King St. Honolulu 96817
TEL 808-585-8538
URL downwithapb.com
HOURS Mon-Sat 10am-7pm
Sun 10am-5pm
CLOSED -
CREDIT CARD A,M,V

MAP 1 B-2

BARRIO VINTAGE

お値打ちの古着が
盛りだくさん

アリゾナ出身のジョナサンが手掛けるヴィンテージショップには1960〜80年代を中心としたアイテムが並ぶ。ドレス類でも$28〜35とお手頃で、足繁く通う常連客も多い。メンズ用のアロハシャツも人気商品。

ADDRESS 1161 Nuuanu Ave. Honolulu 96817
TEL 808-674-7156
URL barriovintage.com
HOURS Mon-Thu 11am-6pm
Fri 11am-7pm
Sat 11am-5pm
CLOSED Sun
CREDIT CARD A,M,V

MAP 1 B-2

CRUSH WAIKIKI

話題のオーガニックコスメをゲット

日本未発売のコスメをゲットできるお店。LA発のスキンケアブランド〈キンバリーバリーオーガニックス〉の他に、男女ともにファンが多い〈プリンスレイン〉のナチュラル美容液も扱う。アットホームな店内で、モデルやCAからの信頼も厚い。

ADDRESS 353 Royal Hawaiian Ave. 2F. Honolulu 96825
TEL 808-260-8382
URL crushwaikiki.com
HOURS Mon-Fri 8:10am-9pm Sat. Sun 1pm-9pm
CLOSED -
CREDIT CARD A,M,V

MAP 1 D-4

DIAMOND HEAD BEACH HOUSE

鮮やかなブルーの外観が目印

ビーチライフをテーマにした商品構成で、ファッション性の高い水着ブランドが勢揃い。〈エル☆スペース〉〈アイラブルー〉からLA発の〈クレアヴィヴィエ〉のバッグ、お土産に喜ばれる雑貨まで女子向けグッズが充実。

ADDRESS 3128 B Monsarrat Ave. Honolulu 96815
TEL 808-737-8667
URL diamondheadbeachhouse.com
HOURS Mon-Sat 8:30am-6pm   Sun 10am-5pm
CLOSED -
CREDIT CARD A,M,V

MAP 1 E-4

HONOLULU [DOWNTOWN | KAHALA | MANOA | WAIKIKI]

1_ コンテンポラリーな家具から暖簾まで世界中から集めた独自の商品構成が面白い。
2_ 3人のロココレクターによって集められたヴィンテージアイテムコーナーも必見。

FISHCAKE

カカアコ地区のカルチャー発信源

"かまぼこ（フィッシュケーキ）"の工場だった場所を再利用し2007年にオープンしたインテリアショップ。3,000スクウェアフィートの広い店内には、ロコデザイナーが手掛けた家具と世界各国でセレクトされた家具がディスプレイされている。またメイドインハワイの雑貨やヴィンテージが揃うコーナーも。店の一角には「モーニンググラスコーヒー」が入っているので、コーヒー片手にインテリアショッピングが楽しめる。(但し営業時間は異なる)

ADDRESS 307c Kamani St. Honolulu 96813
TEL 808-593-1231
URL fishcake.us
HOURS Mon-Sat 10am-6pm　Sun 11am-4pm
CLOSED -
CREDIT CARD A,M,V

MAP 1 C-3

AREA GUIDE_01 | **F-G**

FISHER HAWAII
アメリカンな日用品をまとめ買い

市内に3箇所あるハワイローカル御用達ショップ。文房具からオフィス用品、ハワイ感満載のステッカーにお菓子と何でも揃う頼れる存在。お値打ち価格でゲットできるため、実用品のまとめ買いやお土産探しにも便利。

ADDRESS 1072 Ft Street Mall. Honolulu 96813
TEL 808-524-0700
URL fisherhawaii.net
HOURS Mon. Tue. Thu. Fri 7am-5:30pm
　　　　Wed 7am-6pm　Sat 8:30am-4pm
CLOSED Sun
CREDIT CARD A, M, V

MAP 1 B-2

GINGER13
一点ものの ジュエリー探しに

日系アメリカ人のジュエリーアーティスト、シンディが始めたショップ。彼女が手掛けるジュエリーは天然石をあしらった温かみのあるデザインですべてハンドメイド。またボディケア用品やキャンドル、カードセットなども扱う。

ADDRESS 22 S Pauahi St.
　　　　Honolulu 96813
TEL 808-531-5311
URL ginger13.com
HOURS Mon-Fri 10am-6pm
　　　　Sat 10am-4pm
CLOSED Sun
CREDIT CARD A, M, V

MAP 1 B-2

HONOLULU [DOWNTOWN | KAHALA | MANOA | WAIKIKI]

GREEN MOUNTAIN
マノア発のクラフトアイテムが揃う

アクセとグラフィックのデザイナーを務めるオーナーが手掛ける雑貨店は住宅街に佇む。ハワイの生活に馴染むデザインを重視し、商品はロコからヴィンテージと幅広い。マノアのロゴ入りトートバッグ（$20）など定番商品も人気。

ADDRESS 2819 Kaonawai Pl. Honolulu 96822
TEL 808-200-5795
URL greenmountainhawaii.com
HOURS Mon-Sat 9am-4pm　Sun 9am-Noon
CLOSED -
CREDIT CARD A, M, V

MAP 1 E-2

HOUND & QUAIL
マウナケアストリートで異彩を放つ

パイロットのマークと教師のトラヴィスが2014年にオープンしたレトロ＆ハンティングがテーマのお店。動物の剥製や1920～80年代のヴィンテージはハワイやアメリカ本土、日本で買い付けたお宝品が多く、マニアには垂涎もの。

ADDRESS 920 Maunakea St. Honolulu 96817
TEL 808-779-8436
URL houndandquail.com
HOURS Mon. Wed. Fri 1pm-6pm /
　　　 Every First Friday 1pm-9pm
　　　 Sat 11am-4pm
CLOSED Sun. Tue. Thu
CREDIT CARD A, M, V

MAP 1 B-2

ISLAND SLIPPER

Made in Hawaiiを貫く老舗ブランド

キング・オブ・スリッパと呼ばれる〈アイランド・スリッパ〉は現在100種類以上を展開。中でもレディース用のウェッジソールやアウトドア用の"モクルア"が売れ筋。ワード・ウェアハウス店、アラモアナ店の計3店舗で展開。

ADDRESS 2201 Kalakaua Ave. #A211. Honolulu 96815
TEL 808-923-2222
URL islandslipper.com
HOURS 10am-10pm
CLOSED -
CREDIT CARD A, M, V

MAP 1 D-4

JAMES AFTER BEACH CLUB

クラシカルなサーフボードがお出迎え

鎌倉の「JAMES&CO」の姉妹店として2014年にオープンした日本人経営のお店。レトロ感溢れる店内には〈デリシャス〉のロゴTシャツやパーカ、オールハンドメイドにこだわったオリジナルのサーフボード、アロハシャツが並ぶ。

ADDRESS 3045 Monsarrat Ave. Unit 8. Honolulu 96815
TEL 808-737-8982
URL james-hawaii.com
HOURS Tue-Sat 10am-5pm
       Sun 10am-4pm
CLOSED Mon
CREDIT CARD A, M, V

MAP 1 E-5

HONOLULU [DOWNTOWN | KAHALA | MANOA | WAIKIKI]

LEATHER SOUL

憧れのオールデンを
お得な価格でゲット

老舗シューズブランド、〈オールデン〉の正規代理店で常時20種類並ぶシューズは約$535〜。コラボシリーズや〈ジョン・ロブ〉、〈ニューバランス〉も充実。また、大人に向けたこだわりの「バー・レザー・エプロン」もオープンし話題に。

ADDRESS 119 Merchant St. #100, Honolulu 96813
TEL 808-523-7700
URL leathersoul.com
HOURS Mon-Fri 10am-6pm
CLOSED Sat. Sun
CREDIT CARD A, M, V

 MAP 1 B-2

OWEN'S & CO.

ハワイならではの可愛いが見つかる

ローカルアーティストによるハワイメイドの商品が豊富で友だちへのギフト選びにも便利。〈ジャナラム〉のクラッチバッグやクッション、リリコイの贅沢な香り漂う〈シャカストリートソープ〉など店内には今のハワイが凝縮されている。

ADDRESS 1152 Nuuanu Ave. Honolulu 96817
TEL 808-531-4300
URL owensandcompany.com
HOURS Mon-Fri 10am-6pm Sat. Sun 11am-4pm
CLOSED -
CREDIT CARD A, M, V

MAP 1 B-2

MONO

モノ作りの素晴らしさを再認識できる

ハワイ出身の夫婦ディーンとキャシーが2013年に開いたお店には〈吉田カバン〉からシンプルな文房具まで日本の優れた商品が上品にディスプレイされている。7年ほど前に訪れた日本で感動したというメイド・イン・ジャパンのモノ作りから来ている店名。さらに、スウェーデンのバッグブランド、〈フェールラーベン・カンケン〉のバックパック類も扱う。オリジナルで作るキャンドル（$28）は男女問わず好評だ。今後さらに品数も増やしていく予定。

ADDRESS 2013 S King St. Honolulu 96826
TEL 808-955-1595
URL monohawaii.com
HOURS Mon-Sat 11am-7pm
CLOSED Sun
CREDIT CARD A, M, V

MAP 1 D-3

1_ 白を基調とした空間を贅沢に使った店内。レジではハワイ名物の招き猫も一緒にお出迎え。

2_ バッグ類から文房具など約18ものメーカーを取り揃え、男女問わず使えるグッズが多い。

HONOLULU [DOWNTOWN | KAHALA | MANOA | WAIKIKI]

MORI BY ART + FLEA

ロコアーティストの作品に触れる

木造2階建てのモール、「ワードウェアハウス」内でひとき わ目立つポップなショーウィンドウ。約25にも及ぶローカルアーティストをメインとした作品やブランドを扱うセレクトショップ。ここをチェックすればハワイで盛り上がっているファッションや音楽、アートシーンを知ることができる。またハンドメイドにこだわった希少な陶器やランプなどライフスタイル雑貨も充実。店内で開かれるワークショップや毎月のイベント情報は事前にWebでチェック。

ADDRESS] 1050 Ala Moana Blvd. #1550. Honolulu 96814
TEL] 808-593-8958
URL] morihawaii.com
HOURS] Mon-Sat 10am-9pm　Sun 10am-6pm
CLOSED] -
CREDIT CARD] A,M,V

MAP 1 C-3

1_ ロコが注目するハワイ発のストリートブランド〈ビズメ〉のレアなTシャツも人気商品。

2_ ハワイベースのイラストレーターによる〈ファンシーアクション〉のプリントは$30～。

AREA GUIDE_01 | M-R

PAIKO

植物との暮らしを楽しむ
アイディア満載

カカアコ地区を代表するプランツショップはハワイ島やマウイ島にもシッピングしているほどの人気。店内にはコーヒーショップも併設されリラックスした時間が味わえる。花にちなんだ器や植物全般を網羅した本なども販売。

ADDRESS 675 Auahi St. Honolulu 96813
TEL 808-988-2165
URL paikohawaii.com
HOURS Mon-Sat 10am-6pm
　　　 Sun 10am-4pm
CLOSED -
CREDIT CARD A,M,V

MAP 1 B-3

ROBERTA OAKS

カップルでショッピングが楽しめる

現代風にアップデートされた〈ロベルタ・オークス〉のアロハシャツはレディースが$98～、メンズが$120～。店内はレディースとメンズを半々に扱い、ボディオイルやヒゲソリ用のトニック、ジュエリーなどミックス感が面白い。

MAP 1 B-2

ADDRESS 19 N Pauahi St. Honolulu 96817
TEL 808-526-1111
HOURS Mon-Fri 10am-6pm　Sat 10am-4pm
　　　 Sun 11:30am-4pm
CLOSED -
CREDIT CARD A,M,V

HONOLULU [DOWNTOWN | KAHALA | MANOA | WAIKIKI]

SOUTH SHORE PAPERIE

ハワイの美しいペーパーアイテム

オーナー兼イラストレーターのステイシーが手掛ける〈ブラッドリー＆リリィ〉の上品なペーパーアイテムはハワイのセレクトショップでも扱われる人気商品。ウェディングの招待状をカスタムオーダーできるサービスも好評。

ADDRESS 1016 Kapahulu Ave #160. Honolulu 96816
TEL 808-744-8746
URL southshorepaperie.com
HOURS Mon-Sat 9am-4pm
CLOSED Sun
CREDIT CARD A, M, V

MAP 1 E-3

SURF GARAGE

頼れる老舗サーフショップ

〈クリス・クリステンソン〉のサーフボードからヴィンテージまで常時600本以上をストック。また、オリジナルTシャツやアーティスティックなフィンまでオーナーのトオルさん自慢の品揃え。サーフボードのレンタルは1日$20〜

ADDRESS 2716-2 S King St. Honolulu 96826
TEL 808-951-1173
URL surfgarage.squarespace.com
HOURS Mon-Sat 10am-7pm
　　　　 Sun 11am-5pm
CLOSED -
CREDIT CARD A, M, V

MAP 1 D-3

AREA GUIDE_01 | S-T

SURF 'N HULA HAWAII
長年かけて集められたお宝の山

ファンには垂涎もののウクレレや車のナンバープレート、食器、ステッカーなどを良心的な価格で販売。メイド・イン・ジャパンのフラドールは1950年代のものが中心で$89.95〜$119.95。時間をかけて掘り出しものを見つけたい。

ADDRESS 3588 Walalae Ave. Honolulu 968816
TEL 808-428-5518
URL -
HOURS Mon-Fri 10am-5pm　Sat 10am-4pm
CLOSED Sun
CREDIT CARD A,M,V

MAP 1 F-4

TIN CAN MAILMAN
19世紀以降のヴィンテージがズラリ

オーナー、クリストファーの手入れが行き届いたオールドハワイアンな雑貨が並ぶ。ヴィンテージのティキマグやポスター、レストランのメニュー表などどれも状態がよくレトロ感満載。1950〜70年代のフラドールは$125〜200

ADDRESS 1026 Nuuanu Ave. Honolulu 96817
TEL 808-524-3009
URL tincanmailman.net
HOURS Mon-Fri 11am-5pm　Sat 11am-4pm
CLOSED Sun
CREDIT CARD A,M,V

MAP 1 B-2

HONOLULU [DOWNTOWN] [KAHALA] [MANOA] [WAIKIKI]

TRUEST

スニーカーファンなら
一見の価値あり

スニーカーの委託をメインに扱うショップはワイキキからやや離れた場所にも関わらず客足が途絶えない。圧倒的な品数とお宝スニーカーのディスプレイは圧巻の一言。入手困難な「JORDAN XI」のサイン入りが入荷することも。

ADDRESS 2011 S King St. Honolulu 96826
TEL 808-946-4202
URL truesthi.com
HOURS Mon-Sat 11am-8pm
CLOSED Sun
CREDIT CARD A, M, V

MAP 1 D-3

88 TEES

ポップでカラフルな
デザインTシャツ

1988年にオープンしたことから88の文字をショップ名にしたTシャツショップ。ハワイをモチーフにしたプリントTシャツ($19~29)は常時2000枚以上、レジ周りには雑貨も並ぶ。ハネムーンで訪れるカップルには"Just Married"が人気。

ADDRESS 2168 Kalakaua Ave. #2. Honolulu 96815
TEL 808-922-8832
URL 88tees.com
HOURS 10am-11pm
CLOSED -
CREDIT CARD A, M, V

MAP 1 D-4

AREA GUIDE_01 | T-A

ARANCINO
AT THE KAHALA

**優雅なハープに耳を傾け
イタリアンに舌鼓**

洗練されたハイエンドなイタリアンが味わえるレストラン。オアフ島の契約農家で採れた新鮮な野菜を使ったインサラータはもちろん、ピザ職人が焼き上げる素材の味を活かした熱々のピザや充実した種類のパスタなどコース料理でもアラカルトでも楽しめる。ワインはヨーロッパ、カリフォルニア、チリなどから集められた100種類以上が揃い、田崎真也氏監修のワインペアリングもおすすめ。市内に2店舗ある他の「アランチーノ」とは基本的にメニューが異なる。

ADDRESS 5000 Kahala Ave. Honolulu 96816
TEL 808-380-4400
URL arancino.com/jp/arancino-kahala
HOURS [Lunch] 11:30am-2:30pm
　　　[Dinner] 5pm-10pm
CLOSED -
CREDIT CARD A, M, V
WiFi NO

MAP 1 G-4

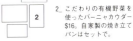

1_ 甘みたっぷりの生うにのクリームソーススパゲティは$33。他の2店舗でもオーダー可能。

2_ こだわりの有機野菜を使ったバーニャカウダー$16。自家製の焼き立てパンはセットで。

HONOLULU [DOWNTOWN | KAHALA | MANOA | WAIKIKI]

ALICIA'S MARKET

1949年から変わらぬ味を守る

カリヒエリアの工場地域で長年に渡って家庭の味と親しまれている惣菜店。チキンやビーフ、チャーシューから選べるプレートランチやポキボウルはどれもボリューム満点。飲料水やスナックなどのまとめ買いにももってこい。

ADDRESS 267 Mokauea St. Honolulu 96819
TEL 808-841-1921
URL aliciasmarket.com
HOURS Mon-Fri 8am-7pm Sat 8am-6pm
CLOSED Sun
WiFi NO

MAP 1 A-1

ASAHI GRILL

スタミナ満点のオックステールスープ

牛テールの旨味がつまったオックステールスープといえばハワイのローカルフード。トロトロのお肉とライスの組み合わせが絶品。まさに朝食から夜食までロコの胃袋を充たす味。アラモアナセンター近くのケイアモク店もアクセスよし。

ADDRESS 515 Ward Ave. #A. Honolulu 96814
TEL 808-593-2800
URL asahigrill-ward.com
HOURS Sun-Thu 6:30am-10pm
       Fri. Sat 6:30am-11pm
CLOSED -
WiFi NO

MAP 1 C-3

AREA GUIDE_01 | A-B

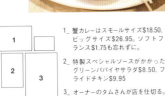

1_ 蟹カレーはスモールサイズ$18.50、ビッグサイズ$26.95。ソフトフランス$1.75も忘れずに。

2_ 特製スペシャルソースがかかったグリーンパパイヤサラダ$8.50、フライドチキン$9.95

3_ オーナーのタムさんが店を仕切る。「月曜と金曜が特に忙しいから予約してね〜！」

BAC NAM

北ベトナムの家庭料理が食べられる人気店

ハワイを何度も訪れるリピーターの間でも名前が挙がるオーセンティックなベトナミーズレストラン。看板メニューの蟹カレーは人参、じゃがいも、玉ねぎにレモングラスやココナッツミルクがブレンドされ、ほぐした蟹の身がどっさり入っている。ライスはもちろん、ソフトフランスと呼ばれるバゲットとの相性も抜群。マイルド、ミディアム、スパイシーから選べる辛さはお好みでオーダーできる。店内はアルコールの取り扱いはないが持ち込み可。

ADDRESS 1117 S King St. Honolulu 96814
TEL 808-597-8201
URL -
HOURS [Lunch] Mon-Sat 11am-2:30pm
       [Dinner] Mon-Sat 5pm-9pm
CLOSED Sun
CREDIT CARD M.V
WiFi NO

MAP 1 C-3

HONOLULU [DOWNTOWN | KAHALA | MANOA | WAIKIKI]

BANGKOK CHEF

お手軽タイ料理はテイクアウト可

市内に3店舗あるタイ料理店の1号店がこちら。定番のパッタイはチキンと豆腐入りで$8.95、レッドチキンカレーは$8.95とリーズナブルな価格が嬉しい。タイ独特のスパイスの香り広がる店内にはイートインスペースもある。

ADDRESS 1627 Nuuanu Ave. Honolulu 96817
TEL 808-585-8839
URL bangkokchefexpress.com
HOURS Mon-Sat 10:30am-9pm   Sun Noon-8pm
CLOSED -
CREDIT CARD M, V
WiFi NO

MAP 1 C-1

BAREFOOT BEACH CAFE

夕陽とライブを楽しめる穴場スポット

カピオラニ公園内のビーチに面したロケーションに店を構える。昼間は親子連れ、夜はライブやバーベキュービュッフェを楽しむカップルたちで賑わう。ワールドフェイマスガーリックシュリンプ$15、ポークチョップ$18.85。

ADDRESS 2699 Kalakaua Ave. Honolulu 96815
TEL 808-924-2233
URL barefootbeachcafe.wordpress.com
HOURS 7am-9pm
CLOSED -
CREDIT CARD A, M, V
WiFi NO

MAP 1 D-5

BOGART'S CAFE

ボリューム満天の
ハワイアンな朝食

早朝からサーフィン帰りのロコたちで賑わうカフェ。シリアルとフルーツ、蜂蜜のバランスが絶妙なアサイボウル$9.05、醤油とゴマ油が香る具だくさんのフライドライス$9.30、ふわふわの食感のタロイモバナナパンケーキ$11.10。

ADDRESS 3045 Monsarrat Ave. #3.
        Honolulu 96815
TEL 808-739-0999
URL bogartscafe.webs.com
HOURS Mon-Fri 6am-6:30pm
      Sat. Sun 6am-6pm
CLOSED -
CREDIT CARD NO
WiFi NO

 MAP 1 E-5

BRUE BAR

オフィス街で見つけた憩いスポット

2013年創業と歴史は浅いがハワイのコーヒー業界を盛り上げる存在として注目を集める。ダウンタウンという場所柄、ミーティングに使用する常連客も多い。カプチーノ$3.65、ラテ(8oz)$3.75、ティーは約15種類から選べる。

ADDRESS 119 Merchant St. Honolulu 96813
TEL 808-441-4470
URL bruebar.com
HOURS Mon-Fri 7am-4pm
CLOSED Sat. Sun
CREDIT CARD A, M, V
WiFi YES

MAP 1 B-2

HONOLULU [DOWNTOWN | KAHALA | MANOA | WAIKIKI]

COFFEE TALK

カイムキローカルとの交流が楽しめる

この地にオープンして15年以上カイムキローカルに愛されるカフェ。お店の名前が付けられたコーヒートークシェイクはホイップクリーム付きで$5、サンドウィッチやマフィンなども昔ながらの味。お店のロゴTシャツは$17で販売している。

ADDRESS 3601 Waialae Ave. Honolulu 96816
TEL 808-737-7444
URL coffeetalkhi.com
HOURS 6am-6pm
CLOSED -
CREDIT CARD A, M, V
WiFi YES

MAP 1 F-4

DIAMOND HEAD COVE HEALTH BAR

濃厚なアサイボウルが身体に沁みる

アサイボウルとピタヤボウルがあり、サイズによって名前もトッピングも異なる。グラノーラ、バナナ、ブルーベリーが入ったラージサイズのアサイボウル"MANA"は$9.66。店内は常連客で賑わいローカル情報を教えてくれることも。

ADDRESS 3045 Monsarrat Ave. #5. Honolulu 96815
TEL 808-732-8744
URL diamondheadcove.com
HOURS Fri-Mon 9am-7pm　Tue-Thu 9am-10pm
CLOSED -
CREDIT CARD NO
WiFi NO

MAP 1 E-5

EASTERN PARADISE

知る人ぞ知る隠れた中華の名店

1977年にオープン以降、家族経営を続ける昔ながらの中華料理店。独特のモチモチした食感が楽しめるジャージャー麺($9.75)が名物で、目の前で麺をカットしてくれる。おすすめの酢豚は$15.95とやや高めだが試す価値あり。

ADDRESS 1403 S King St. Honolulu 96814
TEL 808-941-5858
URL easternparadiserestaurant.com
HOURS 10:30am-9:30pm
CLOSED Mon
CREDIT CARD M, V
WiFi NO

MAP 1 C-3

HEAVENLY ISLAND LIFESTYLE

ヘルシーメニューが女性に大人気

地産地消にこだわったナチュラル志向のカフェはショアラインホテルの1階に位置し、営業時間も長く待ち合わせにも便利。十穀米を使用したロコモコ$15やリリコイバターが隠し味のエッグベネディクト$13.50が女性客に評判。外にはテラス席もある。

ADDRESS 342 Seaside Ave, Honolulu 96815
TEL 808-923-1100
URL heavenly-waikiki.com
HOURS 7am-Midnight (12am)
CLOSED -
CREDIT CARD A, M, V
WiFi YES

MAP 1 D-4

HONOLULU [DOWNTOWN | KAHALA | MANOA | WAIKIKI]

HONOLULU BEERWORKS

カカアコ地区の地ビール工場で飲み比べ

自分たちで改造して作った天井の高い倉庫は手前がレストラン、奥がビール工場になっている。陽気なスタッフが出迎えてくれる店内に入ると6杯までサンプルビールを選べる記入用紙がもらえる。1杯につき$2とお値打ちでいろんな味を試したい人にはぴったり。ちなみにABVはアルコール度数、IBUは苦味単位なので参考に。店内は木を再利用して作ったベンチや壁などクラフト感も満足。エントランスでIDチェックがあるのでお忘れなく。

ADDRESS 328 Cooke St. Honolulu 96813
TEL 808-589-2337
URL honolulubeerworks.com
HOURS Mon-Thu 11am-10pm
　　　 Fri. Sat 11am-Midnight (12am)
CLOSED Sun
CREDIT CARD A,M,V
WiFi NO

MAP 1 B-3

▲フードメニューが充実しているためビールが苦手な人も大満足。ハムサンドウィッチ$10.75

AREA GUIDE_01 | H-K

1_ 野菜をメインにした物菜から5種類選べるアンティパストサンプラーはパンがセットで$13

2_ ハワイ産のレモンで作る自家製レモネードは$3。店名が入ったキャップやTシャツも販売。

KAIMUKI SUPERETTE

"スプレット"という名の立派なレストラン

ハワイのレストラン業界を牽引する「タウン」のオーナー、エド・ケニーが手掛けるレストランは2014年にオープン。朝食と昼食でメニューが変わり、朝はブレックファーストブリトー$9.5やチアシードプディング$6が定番。お昼はオーガニックにこだわった食材で作るサンドウィッチやスープ、サラダが楽しめる。コンボにすればアンティパストから2種類チョイスでき、トロトロに茹でたナスのサラダやスイカのサラダなど彩り豊かなプレートにアレンジ可。

ADDRESS 3458 Waialae Ave. Honolulu 96816
TEL 808-734-7800
URL kaimukisuperette.com
HOURS Mon-Sat 7apm-4pm
CLOSED Sun
CREDIT CARD A,M,V
WiFi YES

 1 E-4

34-35

HONOLULU [DOWNTOWN | KAHALA | MANOA | WAIKIKI]

1_ マウイ牛のハンバーグにガーリックライスと目玉焼きを組み合わせた特製ココモコは$14

2_ コーンフレークトーストにはメープルシロップに漬け込んだベーコンがトッピング。$14

KOKO HEAD CAFE

並んででも食べたいブランチ専門店

ハワイアン航空の機内食監修や〈ジャンバジュース〉とのコラボなどを実現させる凄腕オーナーシェフ、リー・アン・ウォンが手掛けるカフェ。日本食を学んだ経験もある彼女はユニークな発想の持ち主で、アジアンとハワイアンをミックスしたメニューがお得意。コーンフレークフレンチトーストやココモコ、おはようエッグなどのネーミングからも遊び心を感じさせる。ローカルにはシェフ特製の日替わりダンプリングやブランチカクテルのファンが多い。

ADDRESS 1145C 12th Ave. Honolulu 96816
TEL 808-732-8920
URL kokoheadcafe.com
HOURS 7am-2:30pm
CLOSED -
CREDIT CARD A,M,V
WiFi NO

MAP 1 F-4

LIVESTOCK TAVERN

繊細な味付けのアメリカンが食べられる

チャイナタウンのアートディストリクトにオープンして約1年半。アメリカンをメインにしたレストランバーで、3ヶ月ごとにインテリアを変えるなどのこだわりが詰まっている。メニューも四季で異なり、アメリカ本土から仕入れている食材も多い。店の名前が付けられたTAVERNハンバーガーやロブスターロールなど年間を通して扱うメニューもあるが、まずはシーズンのおすすめを聞くのが1番。昼間はウォークインのみ、夜は予約が必須。

ADDRESS 49 N Hotel St. Honolulu 96817
TEL 808-537-2577
URL livestocktavern.com
HOURS [Lunch] Mon-Sat 11am-2pm
         [Supper] Mon-Sat 5pm-10pm
CLOSED Sun
CREDIT CARD A,M,V
WiFi NO

MAP 1 B-2

1_ 焼き目がしっかり付いたパンに挟まれたプリプリのロブスターはランチのみのメニュー。$18

2_ ゴートチーズフライにパッションフルーツドレッシングをかけた彩り豊かなビーツサラダ$10

HONOLULU [DOWNTOWN | KAHALA | MANOA | WAIKIKI]

LUCKY BELLY

チャイナタウンでラーメンといえば

「ライブストック・タバーン」と同じオーナーが経営するラーメン屋には広島や長野、山形から仕入れたお酒が並ぶ。トロトロのお肉が入ったベリーボウルは$14、甘めの味噌で味付けされたお肉を挟んだポークベリーバオ$9もぜひ。

ADDRESS 50 N Hotel St. Honolulu 96817
TEL 808-531-1888
URL luckybelly.com
HOURS [Lunch] Mon-Sat 11am-2pm
　　　　[Dinner] Mon-Sat 5pm-Midnight (12am)
　　　　[Take Out] Thu-Sat 10pm-2:30am
CLOSED Sun
WiFi NO

 MAP 1 B-2

MORNING GLASS COFFEE + CAFÉ

オリジナルのトートバッグも人気

「ストンプタウン」や「フォーバレル」などの豆を使い分けるマノア地区を代表するコーヒーショップ。コーヒー$3、ラテ$3.50〜、朝食で人気の卵マフィン$6、リリコイソースを使用したバナナスコーン$2.50など手頃な価格も嬉しい。

ADDRESS 2955 E Manoa Rd. Honolulu 96822
TEL 808-673-0065
URL morningglasscoffee.com
HOURS Mon-Fri 7am-4pm　Sat 7:30am-4pm
　　　　Sun 7:30am-1pm
CLOSED -
CREDIT CARD A,M,V
WiFi YES   MAP 1 E-2

MUD HEN WATER

ハワイの郷土料理を
ベースにしたレストラン

「タウン」「カイムキスプレット」のオーナー、エド氏が手掛ける新感覚レストラン。開放的なテラス席もあり、お店のオープンと共に席が埋まるほどの人気。店名が名付けられたマッドウォーターはライム、ミント、デメララ、チナールにソルトを混ぜ合わせたカクテルで$8。料理は味噌や湯葉、海藻など和の食材を地産地消の食材とミックスし、名前からは想像できないメニューが多い。オリジナルカクテルと共に個性溢れる料理を楽しみたい。

MAP 1 E-4

ADDRESS 3452 Walanae Ave. Honolulu 96816
TEL 808-737-6000
URL mudhenwater.com
HOURS Tue-Thu 5:30pm-10pm　　Fri. Sat 5:30pm-Midnight（12am）
CLOSED Sun. Mon
CREDIT CARD A,M,V
WiFi NO

1_ 手前左のビーツとアボカドのサラダはポケをイメージした1皿で$10。右はカレー粉やねぎで味付けしたモロカイ島の焼きバナナ$9。アジやピクルスを盛り合わせたプレート$9

2_ 店の名がついた甘い口当たりのカクテル。$8

HONOLULU [DOWNTOWN | KAHALA | MANOA | WAIKIKI]

OTTO CAKE

ハワイ No.1 のチーズケーキ

店主のオットーには260種類のチーズケーキレパートリーがあるそう。ショーケースに並ぶのは1日8~9種類で、ひと切れ$5が中心。店の奥に並ぶ「OTTO」デザインのTシャツを購入した人にはチーズケーキひと切れが付いてくる。

ADDRESS 1127 12th Ave. Honolulu 96816
TEL 808-834-6886
URL ottocake.com
HOURS Mon-Sat 10am-9pm　Sun 10am-5pm
CLOSED -
CREDIT CARD
WiFi NO

MAP 1 F-4

PHO BISTRO 2

懐メロをバックに
フォーを味わう

コクのあるスープは疲れ気味の胃にも優しい。ビーフフレークとレアステーキ、ブリスケットなどお肉たっぷりのコンビネーションフォーはレギュラーサイズで$9.45。前菜を盛り合わせたコンビネーションプレートは$15.25とお得。

ADDRESS 1694 Kalakaua Ave.
　　　　 #C. Honolulu 96826
TEL 808-949-2727
URL -
HOURS [Lunch] Sun 11am-3pm
　　　　 Mon-Sat 10:30am-3pm
　　　　 [Dinner] Sun 4:30pm-8pm
　　　　 Mon-Sat 4:30pm-9pm
CLOSED -
CREDIT CARD M, V
WiFi NO

MAP 1 D-3

AREA GUIDE_01 | **O-P**

1_ サーフィン好きのオーナーの趣味が垣間見える店内。レジではスパムむすびやお茶も販売。

2_ トロトロに煮込まれたブレイズドビーフショートリブは人気メニューのひとつ。$12

PIONEER SALOON

滞在中にリピートするファンも多い

日本人オーナーのノリさんが2009年にオープンしたワンプレートランチ専門店は、ここでしか味わえないメニューが大人気。ハワイ近海で獲れたアヒ（マグロ）を絶妙な火加減で焼き上げたガーリックアヒはお米との相性も抜群で白米、玄米、雑穀米、しそわかめから選べる。特に日中はローカルや観光客で混み合うが、店内にはヴィンテージ雑貨を扱うコーナーがあり待ち時間はショッピングも楽しめる。テイクアウトにして海などで食べるのもおすすめ。

ADDRESS 3046 Monsarrat Ave. Honolulu 96815
TEL 808-732-4001
URL -
HOURS Tue-Sun 11am-8pm
CLOSED Mon
CREDIT CARD A,M,V
WiFi NO

MAP 1 E-5

HONOLULU [DOWNTOWN | KAHALA | MANOA | WAIKIKI]

1_ シーフードソーセージのリリコイマスタード添えは$12、奥のカラマリフリッターは$9

2_ 自家製パスタとフィレミニヨンのミートボールをトマトソースベースで仕上げた一皿。$30

3_ 左がブルーベリーリモンチェッロドロップ、右がジンベースのキューカンバギムレット。各$12

SARENTO'S AT THE TOP OF THE ILIKAI

絶景が堪能できる老舗レストラン

地中海とハワイのテイストを織り交ぜた独自のイタリアンを提供し続けて20年。景色を眺めながら落ち着いて飲めるバーカウンターでは、ピアノ演奏に耳を傾けながらフルーツを使ったカクテルやワインが味わえる。自家製パスタや

メイン料理も充実している上に、毎週水曜日はオールデーハッピーアワーという気前の良さ。水曜日以外は5時から6時半までハッピーアワーが設けられている。金曜日の花火狙いの方は予約時に伝えることを忘れずに。

ADDRESS 1777 Ala Moana Blvd. Honolulu 96815
TEL 808-955-5559
URL sarentoswaikiki.com
HOURS [Dinner] Sun-Thu 5:30pm-9pm　Fri. Sat 5:30pm-9:30pm
　　　　[Bar] Sun-Thu 5pm-10:30pm　Fri. Sat 5pm-Midnight (12am)

CLOSED -
CREDIT CARD A, M, V
WiFi NO

MAP 1 C-4

SIDE STREET INN

B級ローカルフードの代表格

1970年から愛されるスポーツバーはいわゆるハワイの居酒屋レストランで、大人数で賑やかな食事をするのに最適。店の看板メニューはほとんどのお客さんがオーダーするというボリューミーなパンフライドアイランドポークチョップとフライドライスでどちらもヘビー級。またお酒のつまみにぴったりなガーリック枝豆やポケなども揃っている。170席ある1号店とは別に、カパフル店もオープンし観光客には交通の便が良いと評判だ。予約がベター。

MAP **1** C-3

ADDRESS 1225 Hopaka St. Honolulu 96814
TEL 808-591-0253
URL sidestreetinn.com
HOURS [Kitchen hours] Mon-Thu 2pm-10pm　Fri 2pm-11pm
　　　　　　　　　　　　 Sat 1pm-11pm　Sun 1pm-10pm
CLOSED -
CREDIT CARD A,M,V
WiFi NO

1_ グリーンピースやチャーシューがたっぷり入ったフライドライスは子供も大好物。$12.50

2_ サクサクの食感がクセになるポークチョップは揚げ立てが1番。ケチャップはお好みで。$20

HONOLULU | DOWNTOWN | KAHALA | MANOA | WAIKIKI

SUNNY DAYS

女性に嬉しいヘルシーカフェ

野菜とフルーツにこだわりを持つヘルシーなカフェは爽やかな青色が基調。曜日ごとに変わるランチプレート$14やキッズプレート$8目当ての親子連れも多い。スタミナ満点のスパムムスビは$2、マグカップやトートバッグはお土産にもGOOD。

ADDRESS 3045 Monsarrat Ave. #6. Honolulu 96815
TEL 808-792-2045
URL sunnydays-hanafru.com
HOURS Fri-Wed 8am-8pm
CLOSED Thu
CREDIT CARD A, M, V
WiFi YES

MAP 1 E-5

SWEET E'S CAFÉ

フライドライス好きのロコをも唸らせる

味も看板もそのままに2016年の1月に店舗を移転。自家製のコーンビーフを使ったエッグベネディクト$12.95、フライドライスに変更できるチキンペストオムレツ$10.50（+$1.50）、分厚いフレンチトースト$8.95など絶品ばかり。

ADDRESS 1006 Kapahulu Ave. Honolulu 96816
TEL 808-737-7771
URL -
HOURS 7am-2pm
CLOSED -
CREDIT CARD A, M, V
WiFi NO

MAP 1 E-3

1_ ソテーしたケールたっぷりのエッグベネディクトは自家製オーランデーズソースが絶品。$12

2_ フライドチキンにももち粉を使用し、外はサク、中はモチっとした食感が楽しめる。$13.50

THE NOOK NEIGHBORHOOD BISTRO

こっそり通いたくなる確かな味

隠れ家感が伝わる店名どおり、大通りから細い路地を入ったパーキングに面している。地産地消にこだわり、どのメニューも丹精込めて育てた肉や卵、新鮮な野菜をふんだんに使用。看板メニューはアメリカのソウルフードとして知られるチキン＆ワッフルのもち粉バージョン。メープルシロップをかけて食べるおかずとデザートの組み合わせがたまらない。そして幻のメニュー、マラサダサンドに出合えたら迷わず注文したい。夜はアルコールも充実。

ADDRESS 1035 University Ave. Honolulu 96826
TEL 808-942-2222
URL thenookhonolulu.com
HOURS [Breakfast / Lunch] Tue-Sun 7am-3pm
[Dinner] Wed. Thu 6pm-10pm
Fri-Sun 6pm-Midnight (12am)
CLOSED Mon
CREDIT CARD A,M,V
WiFi YES

MAP 1 D-3

HONOLULU [DOWNTOWN | KAHALA | MANOA | WAIKIKI]

THE PIG & THE LADY

昼夜問わず活気溢れるベトナム料理店

シェフのルーツと経験を融合し生まれたのが他では味わうことの出来ない新感覚ベトナミーズ。毎日手打ちされる麺やスープの出汁にもこだわりが隠されている。ネギやトマト、きゅうりなどの具材にからし菜の古漬けと牛のすじ肉が入ったまぜ麺は$15で昼夜問わず大人気。またランチ限定のバインミーと呼ばれるベトナムサンドウィッチは具なしの小さいスープがセットで$13～14。滞在中に何度も足を運ぶファンがいるほどの盛況っぷり。

ADDRESS 83 N King St. Honolulu 96817
TEL 808-585-8255
URL thepigandthelady.com

HOURS [Lunch] Mon-Fri 10:30am-2pm　Sat 10:30am-3pm
　　　 [Dinner] Tue-Sat 5:30pm-10pm
CLOSED Sun
CREDIT CARD A,M,V
WiFi NO

MAP 1 B-2

1_ バターミルクを使ったコットンソフトチーズケーキに日替わりのソルベをトッピング。$10
2_ 12時間ローストしたブリスケットとスモークベーコン、半熟卵が入ったP&Lフォーは$14

AREA GUIDE_01 | **T-Y**

TOWN

ハワイの食文化を変えた一軒家レストラン

徹底した食材選びにこだわるためメニューはほぼ日替わり。有機農法で採れた野菜を可能な限り使った創作ハワイアンが食べられる。アヒ（マグロ）のたたきにケールやビーツなどの野菜を添えた1皿$25.50と特製カクテルが見事にマッチ。

ADDRESS 3435 Waialae Ave. #104. Honolulu 96816
TEL 808-735-5900
URL townkaimuki.com
HOURS [Lunch] Mon-Sat 11am-2:30pm
[Dinner] Mon-Thu 5:30pm-9:30pm
Fri. Sat 5:30pm-10pm
CLOSED Sun
CREDIT CARD A,M,V
WiFi NO

MAP **1** E-4

YAMA'S FISH MARKET

30年以上地元で愛される総菜店

ハワイならではの惣菜が揃ったお持ち帰り専門店。ローカルフード好きにはたまらないラインナップ。タロイモの葉で豚肉を蒸したウラウラとロミサーモンがセットになったお弁当（No.3）は$12.15。またハウピアなどのデザートも。

ADDRESS 2332 Young St. Honolulu 96826
TEL 808-941-9994
URL yamasfishmarket.com
HOURS 9am-5pm
CLOSED -
CREDIT CARD A,M,V
WiFi NO

MAP **1** D-3

HONOLULU [DOWNTOWN | KAHALA | MANOA | WAIKIKI]

12TH AVE GRILL

シグネチャー料理は
ポークチョップ

2004年のオープン以降、ハワイで最も権威ある
レストランアワードを受賞している実力派。昔
ながらのアメリカンなメニューをシェフのジェ
イソン流にアレンジ。レギュラーメニューの他
にその日おすすめのメニューも充実している。
またハワイを代表するスミダ・ファームと契約
していることから、味の濃いクレソンなど野菜
本来の旨味が料理と共に味わえる。ワインはも
ちろん、ハイビスカスやリリコイなどを使った
カクテルは女性客に人気が高い。

ADDRESS 1120 12th Ave. Honolulu 96816
TEL 808-732-9469
URL 12thavegrill.com
HOURS Mon-Thu 5:30pm-10pm
　　　　 Fri. Sat 5:30pm-11pm　Sun 5pm-10pm
CLOSED -
CREDIT CARD A, M, V
WiFi NO

MAP 1 F-4

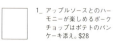

1_ アップルソースとのハー
モニーが楽しめるポーク
チョップはポテトのパン
ケーキ添え。$28

2_ 洋梨とブラックチェリー
を合わせたフルーツコブ
ラーはシーズンによりフ
ルーツが異なる。$9

AREA GUIDE_01 | 12-S

番外編 / やっぱり日本食

SUSHI IZAKAYA GAKU

細やかな技が利いたまさに日本の味

この春でオープン9年目を迎えた日本の職人が握る寿司レストラン。全体の約7割がローカルというほど常連客からの信頼も厚く、鮮度のいい旬の魚を近海、ものによっては日本から仕入れている。特上寿司コンビAは$45、上寿司は$35、ばらちらしは$30。また日本酒も豊富に取り揃え、越乃寒梅や獺祭、出羽桜などを飲みながら1年を通して扱うオイスターを味わえば気分はまさに日本。奥には座敷もあるので、大人数の場合は早めに予約を入れよう。

ADDRESS 1329 S King ST. Honolulu 96814
TEL 808-589-1329
HOURS Mon-Sat 5pm-11pm
CLOSED Sun (2nd Mon of every month)
CREDIT CARD A, M, V
WiFi NO

 C-3

1_ 本日のおまかせにぎりは時価だがおよそ$55~65が中心。自家製の卵焼きはほどよい甘さ。

2_ ハマチのタタキにネギを混ぜた特製タルタルは海苔と一緒に。スパイシーネギハマタルタル$9.50

SHOPPING
DON QUIJOTE

まとめ買いするなら
驚安の殿堂へ

ハワイ上級者の間ではすでに有名なドンキホーテでのショッピング。ハワイ土産のために奔走せずとも、ここならチョコやナッツ、パンケーキミックスなどがお値打ち価格でまとめ買いできる。24時間営業というのも嬉しい。

ADDRESS 801 Kaheka St. Honolulu 96814
TEL 808-973-4800
URL donki.com
HOURS Open 24h
CLOSED -
CREDIT CARD A, M, V
PARKING YES

MAP 1 C-3

EXPERIENCE
DR. BODY

ハワイ店でのみ
体験できる限定メニュー

ちょっとした空き時間に訪れたいのが日本でも安定の人気を誇るDR. BODY。DFSギャラリアタワーの12階という便利な立地で、ロミロミを取り入れたハワイ店ならではのコースも評判。小顔や骨盤矯正などメニューは予約時に相談可。

ADDRESS 2222 Kalakaua Ave. #1218, Honolulu 96815
TEL 808-922-5115
URL dr-body.jp
HOURS 10am-10pm
CLOSED Irregular holidays
CREDIT CARD A, M, V

MAP 1 D-4

ENTERTAINMENT SPOT | EXPERIENCE | LOOK | PLAY | SHOPPING

LOOK
FRIDAY NIGHT FIREWORKS

**毎週金曜の花火を
お見逃しなく！**

カナハモクビーチから打ち上げられる花火は金曜の7時45分から約5分間。サンセットと花火が楽しめるクルーズ船やイリカイホテルの最上階にあるイタリアンレストランの「サレントス」(P.40) など鑑賞スポットはさまざま。

ADDRESS 2005 Kailua Rd. Honolulu 96815

PLAY
TAKA SURF

**ハワイ滞在中に
サーフィンデビュー**

初心者でも安心のサーフレッスンはホテルへの送迎からすべて日本語で対応してくれる。グループの場合は1人$79、プライベートは1人$135（リーフブーツとボード込み）。サーフィン中の撮影サービス ($80) は思い出作りに。

ADDRESS 2310 Kuhio Ave. #136. Honolulu 96815
TEL 808-923-3961
URL takasurf.com
HOURS 9am-9pm
CLOSED -
CREDIT CARD A, M, V

MAP 1 D-4

HONOLULU [DOWNTOWN | KAHALA | MANOA | WAIKIKI]

SOUVENIRS UNDER $20

$20以下で買える、このエリアのお土産リスト

KAIMUKI
OTTO CAKE
Tシャツ

各 $20

ミュージシャンでもあるオーナーのオットーがデザインしたTシャツ。カリフォルニアにある「アメーバミュージック」や「IN N OUT」を彷彿とさせる遊び心がいい。Tシャツを1枚購入するとケーキ1切れのサービスが付いてくる。

OTTO CAKE　P. 38 参照

MAP 1 F-4

DIAMOND HEAD
JAMES AFTER BEACH CLUB
サックタオル

各 $12

入荷する度にたちまち完売してしまうという丈夫なフラワーサックタオルはオリジナルデザインで100％手作り。メイドインハワイにこだわり、ハワイをモチーフにしたイラストやハワイ語のプリントでお土産感もばっちり。

JAMES AFTER BEACH CLUB　P. 17 参照

MAP 1 E-5

DIAMOND HEAD
SUNNY DAYS
マグカップ

各 $15

ハワイの青空や海を連想させるブルーのマグカップとロゴがひときわ目立つ白のマグカップ。どちらもお店のオリジナル商品でどっしりとした厚みのあるデザイン。コーヒーブレイクの度にハワイの楽しい気分が味わえる。

SUNNY DAYS　P. 42 参照

MAP 1 E-5

DOWNTOWN
BRUE BAR
ノート

$9

現在市内に3店舗を展開するブルーバーはスレイヤー社製のエスプレッソマシーンを使い、最高のエスプレッソにこだわる。そんな彼らがデザインする店のロゴ入りノートを3冊セットで販売。コーヒーファンにも喜ばれるはず。

BRUE BAR　P. 29 参照

MAP 1 B-2

CHINATOWN

HOUND & QUAIL
ワッペン

$5

ショップオーナーが自分たちでデザインしたというボーイスカウトスタイルのワッペン。お店の名前の通り、猟犬とウズラをモチーフにし丁寧に刺しゅうが施されている。イラストタッチで仕上げた動物ワッペンなども揃う。

HOUND & QUAIL　P.16参照

 MAP 1 B-2

DOWNTOWN

FISHER HAWAII
ステッカー&ポストカード

各$1~3

インテリアデコレーションにも使えるウォールステッカーは単純明快なデザインのものが豊富。ステーショナリーや日用雑貨を扱うフィッシャーハワイで探せば手頃な価格でゲットできる。スーツケースに早速貼ってもよし。

FISHER HAWAII　P.15参照

MAP 1 B-2

KAKA'AKO

HAWAIIAN BLUE
サシェ

$12

ハワイで育てられた天然のインディゴを使って染め上げたリネン100%。それを袋状にし、極上のラベンダーをたっぷり詰めたのが手作り感溢れるサシェで、ドンナ・ミヤシロの愛情がたっぷり。形も色も1点1点異なる。

FISHCAKE　P.14参照

MAP 1 C-3

MANOA

MORNING GLASS COFFEE + CAFÉ
トートバッグ

$15

マノアを代表するコーヒーショップで、カカアコの「フィッシュケーキ」(P.14)内にも店舗を構えるモーニンググラス。コーヒー豆を描いたロゴ入りオリジナルトートバッグは本店で購入可。マノアのほのぼのした雰囲気にぴったり。

MORNING GLASS COFFEE + CAFÉ　P.36参照

MAP 1 E-2

HONOLULU [DOWNTOWN | KAHALA | MANOA | WAIKIKI]

CHEAP EATS UNDER $10

$10以下で味わう、エリア別の味

DIAMOND HEAD

DIAMOND HEAD MARKET & GRILL
スコーン

$3.95~

しっとり柔らかな食感のスコーンで有名なお店は早朝から営業。定番商品はブルーベリーチーズ味で、スコーンの大きさもさることながらふんだんに入ったクリームチーズが美味。曜日によって焼き上げるスコーンの種類は変わる。

DIAMOND HEAD MARKET & GRILL
ADDRESS 3158 Monsarrat Ave. Honolulu 96815
TEL 808-732-0077
URL diamondheadmarket.com
HOURS 6:30am-9pm
CLOSED -
CREDIT CARD A, M, V
WiFi YES

MAP 1 E-4

KAIMUKI

LEONARD'S BAKERY
マラサダ

$1~

レトロなドライブイン風の外観が目印。人気のマラサダはポルトガル発祥の揚げパンで、ここレナーズは創業1952年の老舗ベーカリー。オリジナル、シナモンシュガー、カスタードなどの定番や月替り限定フレーバーも販売される。

LEONARD'S BAKERY
ADDRESS 933 Kapahulu Ave. Honolulu 96816
TEL 808-737-5591
URL leonardshawaii.com
HOURS Sun-Thu 5:30pm-10pm Fri. Sat 5:30pm-11pm
CLOSED -
CREDIT CARD -
WiFi NO

MAP 1 E-3

DIAMOND HEAD

MONSARRAT AVE SHAVE ICE
かき氷

$2~6

ワンプレートランチのパイオニアサルーンの隣にオープンしたシェーブアイス店。自家製のフルーツシロップは果物とオーガニックシュガーのみを使いオール無添加で子どもにも安心。小豆などお好みでトッピングできるとあって女性に人気。

MONSARRAT AVE SHAVE ICE
ADDRESS 3046 Monsarrat Ave. Honolulu 96815
TEL 808-732-4001
URL -
HOURS 11am-5:30pm
CLOSED Mon
CREDIT CARD -
WiFi NO

MAP 1 E-5

DOWNTOWN
MR. DONUT'S & BAKERY
ドーナツ

$1.05~2.88

ダウンタウンで働く人たちがこぞって通うドーナツ屋、その名もミスタードーナツ＆ベーカリー。場所柄もあって圧倒的にローカルが多くダース買いする常連客の姿も。昔ながらのドーナツはどれも大きめだがお値段は手頃。

MR. DONUT'S & BAKERY
ADDRESS 134 S Hotel St. Honolulu 96813
TEL 808-545-2961
URL -
HOURS Mon-Fri 5am-4pm Sat 6am-Noon
CLOSED Sun
CREDIT CARD A, M, V
WiFi NO

MAP 1 B-2

ALA MOANA
TASTE TEA
タピオカドリンク

$3.25~

昼間は学生、夜は大人で賑わうカフェでみんなが手にしているのはタピオカドリンク。6段階の甘さ調整やタピオカのサイズまで自分流にアレンジできるのが人気の理由。注文を受けてから作り始め、テイスティングもさせてくれる。

TASTE TEA
ADDRESS 1391 Kapiolani Blvd. Honolulu 96814
TEL 808-951-8288
URL -
HOURS Mon-Thu 10am-10:30pm Fri. Sat 10am-11:30pm Sun 10:30am-10:30pm
CLOSED -
CREDIT CARD M, V
WiFi YES

MAP 1 C-3

KAIMUKI
VIA GELATO
ジェラート

$4~

オーナーのメリッサが手作りするジェラート屋で、店の外からはガラス越しにワッフルコーンを焼き上げる様子を見ることができる。旬の素材を使った約16種類のジェラートはハワイ産のタロイモやリリコイなどのフレーバーも。

VIA GELATO
ADDRESS 1142 12th Ave. Honolulu 96816
TEL 808-732-2800
URL viagelatohawaii.com
HOURS Sun. Tue-Thu 11am-10pm Fri. Sat 11am-11pm
CLOSED Mon
CREDIT CARD A, M, V
WiFi NO

MAP 1 F-4

AREA-2
KAILUA, LANIKAI

What is
Kailua
[カイルア]

全米ナンバーワンのビーチに選ばれたこともある全長約4.5kmのカイルアビーチにはエメラルドブルーの海が広がる。また、ショッピングやサイクリングが楽しめるカイルアタウンでは、個人経営のお店やレストランが建ち並び、趣向を凝らしたファーマーズマーケットも開催される。ワイキキの喧騒を離れ暮らすように旅をしたい人におすすめ。

What is
Lanikai
[ラニカイ]

ハワイ語で「ラニ」は天国、「カイ」は海を意味するラニカイビーチは真っ白の砂が輝くまさに天国の海。沖合いに並ぶ島はモクルア・アイランドで砂浜からの景色は美しい絵画のよう。遠浅で波も穏やかだが、ビーチパークではないためトイレやシャワー、駐車場などの施設はない。カイルアビーチから徒歩やバスで行くのが便利。

カイルア／ラニカイ

ホノルルから東へ向かってパリハイウェイを走ること約30分、コオラウ山脈を越えた先に見えてくるのがカイルアタウンだ。オアフ島のちょうど南東部に位置し、住宅街を抜けると天国の海と呼ばれるビーチが広がる。そしてカイルアビーチの南側に隣接しているのがラニカイビーチ。そこに建ち並ぶビーチフロントの住宅からは美しい眺望が望めるとあってバケーションレンタルする人も多い。

ALI'I ANTIQUES OF LANIKAI I

世界中から集められたアンティーク

オープンして4半世紀以上、まさにカイルアの重鎮的存在といえるアンティークショップ。数万点にも及ぶ商品はジャンルも年代もさまざま。特にオールドハワイを感じさせる人形や食器、アロハシャツの品揃えは抜群で宝探し気分が味わえる。

ADDRESS 21 Maluniu Ave. #B, Kailua 96734
TEL 808-261-1705
URL aliiantiques.com
HOURS Mon-Sat 10:30am-4:30pm
CLOSED Sun
CREDIT CARD A, M, V

MAP 2 A-2

IVORY

ワードローブに追加したい洋服が揃う

カイルアタウンの雰囲気にぴったりなオリジナルTシャツを扱う。カイルアでしか手に入らない定番プリントTシャツはレディース、メンズともに展開し、$29〜32が中心。さらにハワイ在住アーティストによる、ハンドメイドアクセサリーも充実。

ADDRESS 18 Kainehe St. Kailua 96734
TEL 808-492-5782
URL ivorykailua.com
HOURS Sun-Fri 10am-5pm
CLOSED Sat
CREDIT CARD A, M, V

MAP 2 A-2

ALOHA BEACH CLUB

メンズ向けのウェアとホーム雑貨探しに

カリフォルニア州サンディエゴでスタートした〈アロハビーチクラブ〉がカイルア店をオープンしたのが2015年の2月。メンズ中心の品揃えで、ブランド名にもなっている"ALOHA"の文字をプリントしたTシャツやタンクトップ、トートバッグ、iPhoneケースは安定の人気。さらにアロハシャツやジャケットには都会的要素を取り入れ、スタイリッシュなデザインを好む男性に向けホームグッズやヘアグッズなども含めトータルで提案している。

ADDRESS 131 Hekili St. #108. Kailua 96734
TEL 619-269-3028
URL alohabeachclub.com
HOURS 10:30am-6pm

CLOSED -
CREDIT CARD A, M, V

MAP 2 A-3

1_ "ALOHA"と大胆にプリントされたプリントTシャツはXSからXLまで展開。$40
2_ 店内にある「ザ・ローカル・ハワイ」では、かき氷$5.50やコーヒー$4.50がオーダー可。

AREA GUIDE_02 | A

1_ 〈サムドラ〉のクラッチバッグ $65〜や LA発の〈ルフュドロ〉のキャンドル$62が並ぶ。
2_ カラフルな洋服やバッグが並ぶ明るい店内。レジに立つのはジェニファーと息子のカイワくん。

ALOHA SUPERETTE
ビーチライフを彩るニューショップ

ハワイ出身のジェニファーが満を持してオープンしたセレクトショップには女性らしいデザインのドレスやショーツ、水着から、自身のブランド〈サムドラ〉のクラッチバッグ、アクセサリーが揃う。インテリアにもこだわり、店の中央に配置したウッドテーブルは〈ハワイアンスラブラトリー〉にオーダー。また有名なシェイパー、トラヴィス・レイノルズによるロングボードをディスプレイするなどサーフィンを愛する彼女のこだわりが満載。

ADDRESS) 438 Uluniu St. Kailua 96734
TEL) 808-261-1011
URL) alohasuperette.com
HOURS) Mon-Sat 10am-5pm
CLOSED) Sun
CREDIT CARD) A, M, V

MAP 2 A-2

KAILUA | LANIKAI

KAILUA GENERAL STORE

カイルアテイストの
日用雑貨が大集結

生まれも育ちもカイルアのオーナーが家具屋を改造して始めた地域密着型のなんでも屋さん。レインボーサンダルや釣竿、ハンモックを手に入れようと訪れる観光客の姿も。ハワイ産のホットソース〈アドボロコ〉やジャム、手作りソープはお土産に。

ADDRESS 171 Hamakua Dr. Kailua 96734
TEL 808-261-5681
URL kailuageneralstore.com
HOURS Mon-Sat 10am-5pm
CLOSED Sun
CREDIT CARD A, M, V

MAP 2 A-3

OLIVE BOUTIQUE

高感度なビーチシック
アイテムが見つかる

ロコデザイナーの洋服や水着、アクセサリーに加え、カリフォルニア生まれの〈フリーピープル〉や〈バグゥ〉などトレンドに敏感な女性心をくすぐるセレクト。30%オフのラックには人気ブランド品が放出されることもある。

ADDRESS 43 Kihapai St. Kailua 96734
TEL 808-263-9919
URL iheartolive.com
HOURS Mon-Fri 10am-6pm
　　　Sat. Sun 10am-5pm
CLOSED -
CREDIT CARD A, M, V

MAP 2 A-2

OLIVER MEN'S SHOP

サーフカルチャーを軸にした商品構成

決して広くはない店内に並ぶメンズ向け商品の数々。オーナーのパーカーがアメリカ本土から仕入れた〈ミアンサイ〉の時計やブレスレット、〈ブリクストン〉のハット、〈バードウェル〉のバッグやショーツ、〈カット＆ロジャー〉の陶器が所狭しと並ぶ。物欲を刺激するラインナップは時間を忘れて夢中になってしまうほどだ。カフェを挟んだ隣の「オリーブ・ブティック」では女性のショッピングが楽しめるとあってカップルで訪れる人も多い。

ADDRESS 49 Kihapai St. Kailua 96734
TEL 808-261-6587
URL oliverhawaii.com
HOURS Mon-Fri 10am-6pm
　　　　Sat. Sun 10am-5pm
CLOSED -
CREDIT CARD A, M, V

 A-2

1_ レジに並ぶショップオリジナルの缶バッジ各$1〜
2_ 店名がプリントされたオリジナルTシャツは$30、カカアコ生まれの〈サルベージパブリック〉のTシャツは$48〜57が中心。

KAILUA | LANIKAI

RED BAMBOO

インテリア雑貨と共にハワイを持ち帰る

ビーチや貝殻をモチーフにしたリゾート感満載のホームグッズ。キッチンからリビング、寝室で使えるものまで幅広く、インテリアの参考になるディスプレイも必見。クッションやキャンドルホルダーなど手頃な価格を狙いたい。

ADDRESS 602 Kailua Rd. #101. Kailua 96734
TEL 808-263-3174
URL redbamboohawaii.com
HOURS 9:30am-6pm
CLOSED -
CREDIT CARD A, M, V

MAP 2 A-2

THE SALVATION ARMY

カイルア随一の
スリフトショップ

地元の人たちが寄付した洋服やハワイアンな食器、おふざけ系の小物が楽しい大型スリフトショップ。ラックに掛けられたムームーは$14.99〜、アロハシャツが$8.99〜でどちらもサイズ、柄が充実。手のひらサイズのヤシの木$3

ADDRESS 638 Kailua Rd. Kailua 96734
TEL 808-261-1756
URL hawaii.salvationarmy.org
HOURS Mon-Sat 9am-8pm
CLOSED Sun
CREDIT CARD A, M, V

MAP 2 A-2

AREA GUIDE_02 | R-W

WIMINI

ハワイライフを表現したTシャツ

メイドインUSAにこだわったTシャツは肌触りのいい柔らかなコットン素材。オーナーのご主人ユタカ・チノによるデザインはサーフィンや釣り、クジラをモチーフにしたプリントが多く、ほのぼのしたイラストと優しい色使いが特徴。さらに赤ちゃん用のロンパースやキッズサイズも展開し、親子でお揃いを購入していくファンも多い。店内には他に〈ジャックスケリー〉のクリスタルキャンドルやNY発〈アメリー・マンシーニ〉のポーチなども扱う。

ADDRESS 326 Kuulei Rd. Kailua 96734
TEL 808-462-6338
URL wiminihawaii.com
HOURS Mon-Sat 10am-4pm Sun 10am-2pm
CLOSED -
CREDIT CARD A, M, V

MAP 2 A-2

1_ オーナー、マリさんの人柄とセンスが溢れる。足繁く通う常連客やリピーターが多いのも納得。

2_ ロンパース、キッズサイズ共に$28、大人サイズ$38、トートバッグ$18と値段もお手頃。

KAILUA | LANIKAI

BACI BISTRO
カイルアが誇るイタリアンの名店

イタリア語でキスを意味する「バチ」は約20年続くカイルアを代表するイタリアンレストラン。月曜から金曜のランチタイムにはパニーニやパスタが食べられカジュアルに利用できる(土日はランチの営業なし)。また夜はスパゲティだけでも14種類、野菜をメインにした前菜、リゾット、メインとクラシカルなイタリアンの中からアラカルトでオーダーできる。ファミリースタイルでの食事にも最適だが夜は要予約。Webでも予約可能。

ADDRESS 30 Aulike St. Kailua 96734
TEL 808-262-7555
URL bacibistro.com
HOURS [Lunch] Mon-Fri 11:30am-2pm
       [Dinner] 5:30pm-10pm
CLOSED -
CREDIT CARD A, M, V
WiFi NO

MAP 2 A-2

1_ スパゲティ・トゥッティ・マーリは新鮮な魚介類をトマトソースで仕上げた1品。$19.95
2_ 火曜日はオッソブーコナイト、木曜日はラム肉のアニェッロナイトを開催し店内も賑やかに。

ANUENUE TEA

ティーとスイーツの見事なコラボレーション

2015年11月にオープンしたティーを専門に扱うお店ではオーナー手作りの舌でとろける絶品プリンやヘルシーなスイーツ、グラノーラが楽しめる。フルーティーなアイスティーは$5.45〜、オーガニック茶葉を使用したホットティーは$3.45〜

ADDRESS 25 Maluniu Ave. #102. Kailua 96734
TEL 808-498-7888
URL -
HOURS Mon-Fri 8:30am-6pm Sat. Sun 9am-4pm
CLOSED -
CREDIT CARD A, M, V
WiFi YES

MAP 2 A-2

CHADLOU'S COFFEE & TEA

ココナッツの看板が目印

ローカル感満載のカフェではハウスメイドのペストリーやマフィン、クロワッサンサンドを食べながらリラックスした時間が過ごせる。光が射し込む店内にはソファー席も。人気のアイスサンドウィッチは目の前でサンドしてくれる。

ADDRESS 45 Kihapai St. Kailua 96734
TEL 808-263-7930
URL chadlouscoffee.com
HOURS Mon-Fri 7am-8pm Sat. Sun 7am-7pm
CLOSED -
CREDIT CARD A, M, V
WiFi YES

MAP 2 A-2

KAILUA | LANIKAI

CREPES NO KA'OI

食事としても楽しめるクレープ屋

2014年にテラス席がある2階建ての新店舗に移転。メニューは食事系とデザート系に分けられる。もっともシンプルなのがセイチーズとハワイアンシュガーで共に$5.75。デザートメニューの中にはザファーストキスやラバーズディライトと名付けられたクレープがあり、名前で選ぶのもテンションが上がるはず。どれもモチっとした食感で、絶妙な焼き加減。追加でトッピングや大盛りサイズにも変更できるのでお腹の空き具合やその日の気分でメニューを選びたい。

ADDRESS 143 Hekili St. #130, Kailua 96734
TEL 808-263-4088
URL crepesnokaoi.com
HOURS Mon. Wed. Thu 7am-8pm
　　　 Fri. Sat 7am-9pm　Sun 7am-2pm
CLOSED Tue
CREDIT CARD A, M, V
WiFi NO

MAP 2 A-3

▲オーナーおすすめのティキトーチはチキンとほうれん草やトマトの野菜ソテーを包みこんだ食事クレープ。自家製のマカダミアナッツとバジルペースト、バルサミコ酢添え。$10.95

AREA GUIDE_02 | C-K

1_ モッツァレラチーズにペペロンチーノとひよこ豆が入ったサラダ $8.49、アサイスムージー$6.49

2_ レジ横で販売しているブルーベリーやパイナップルのスコーンはコーヒーにも合う。$2.96

KALAPAWAI MARKET

カイルアビーチのランドマーク

1932年創業でローカルからも観光客からも親しまれているマーケット。日用品、スナック、ドリンクなどを扱っているため、ビーチに向かう人はここで買い出しをするのが定番だ。店のロゴが入ったキャップやエプロン、Tシャツなどはお土産に。そして店の奥にはデリコーナーがあり、オーダーを受けてから作るメニューはベーグル、サンドウィッチ、ラップ、ピザにサラダと種類も豊富で$3.99～$13と良心的な値段。その日のスープや子供用メニューも揃う。

ADDRESS] 306 S Kalaheo Ave. Kailua 96734
TEL] 808-262-4359
URL] kalapawaimarket.com
HOURS] [Deli] 6:30am-7pm [Shop] 6:30am-9pm
CLOSED] -
CREDIT CARD] A, M, V
WiFi] NO

MAP ▶ 2 C-2

KALAPAWAI CAFE

カイルアローカルの
お気に入りスポット

カイルアタウンの入口に位置するカフェは、ビーチにある「マーケット」(P.65)の系列店。ここで食べられるメニューも野菜をふんだんに使い、ボリュームも満点。但し、夕方5時〜ディナーメニューに切り替わる（日曜は4時〜）

ADDRESS 750 Kailua Rd. Kailua 96734
TEL 808-262-3354
URL kalapawaimarket.com/section/café
HOURS Mon-Thu 6am-9pm
　　　　　Fri 6am-9:30pm
　　　　　Sat 7am-9:30pm　Sun 7am-9pm
CLOSED -
CREDIT CARD A, M, V
WiFi NO

MAP 2 A-2

K & K BARBEQUE INN

もち粉チキンの隠れた名店

カイルアビーチに程近い小さなモールの中にあるワンプレート専門店のお店は近所の定食屋気分で訪れたい。ガーリックシュリンプなどのメニューもあるがダントツ人気はもち粉チキンで、ライスとマカロニサラダが付いて$8.65

ADDRESS 130 Kailua Rd. #102A. Kailua 96734
TEL 808-262-2272
URL -
HOURS Mon-Sat 9am-8pm
CLOSED Sun
CREDIT CARD M, V
WiFi NO

MAP 2 C-2

AREA GUIDE_02 | **K-U**

MOKE'S BREAD & BREAKFAST
甘酸っぱいリリコイパンケーキ

パンケーキファンじゃなくてもハワイに来たら1度ぐらいは食べたくなる。冷凍食品を一切使わないこのカフェは長蛇の列ができる人気店で、リリコイパンケーキがシグネチャーメニュー。2枚で$7.95。サンドウィッチなどのランチメニューは11時～

ADDRESS 27 Hoolai St. Kailua 96734
TEL 808-261-5565
URL mokeskailua.com
HOURS Wed-Mon 6:30am-2pm
CLOSED Tue
CREDIT CARD A,M,V
WiFi NO
MAP 2 A-2

UAHI ISLAND GRILL
お持ち帰りもできるハワイアン料理

市場で仕入れた新鮮な魚や肉を使った手頃なプレートメニューが充実。魚のレッドカレーグリルはグリーンパパイヤとライス付き（白米か玄米）で$14.50（時価）。平日は4時から6時までハッピーアワーでビール$3～（水曜を除く）

ADDRESS 131 Hekili St. #102. Kailua 96734
TEL 808-266-4646
URL uahiislandgrill.com
HOURS Mon. Tue. Thu 11am-8:30pm
　　　　Wed 11am-3pm　Fri. Sat 11am-9pm
　　　　Sun 10am-8:30pm
CLOSED -
CREDIT CARD A,M,V
WiFi NO
MAP 2 A-3

KAILUA | LANIKAI

1_ 2時までオーダーできるベーコンとスクランブルエッグのピザはモッツァレラチーズがたっぷり。$18

2_ 焼き立ての熱々ピザを覆い隠すのはパルマ産のプロシュート。プロシュートルッコラピザ$22

PRIMA

900度の高温で焼き上げる絶品ピザ

カイルアのローカルが口を揃えておすすめするレストラン。オープンキッチンになった店内ではオーダーを受けてから生地を伸ばしピザ釜に入れる一連の様子を見ることができる。焼き立てのピザはカリッとした表面ともちもちの弾力が絶妙なハーモニー。メニューはピザだけで約10種類、パスタやサラダ類、月替わりメニューも充実している。また2時までオーダー可能なフレンチトースト$12はデザートに。アルコールをオーダーする際はIDチェックがあるので忘れずに。

ADDRESS 108 Hekili St. #107. Kailua 96734
TEL 808-888-8933
URL primahawaii.com
HOURS 10am-9:30pm
CLOSED -
CREDIT CARD A,M,V
WiFi NO

MAP 2 A-3

ENTERTAINMENT SPOT　**EXPERIENCE**

EXPERIENCE
KAILUA BICYCLE

自転車でカイルアの街探索

なだらかな道が多いカイルアタウン周辺。またラニカイビーチなど駐車場がないエリアでも便利な自転車。日本人スタッフが対応してくれるので英語の心配もなく安心して契約できる。扱う自転車はすべてビーチクルーザーで、カゴと鍵が付いているから食事やショッピングも安心して楽しめる。もちろんハンドブレーキ付き。店内には有料のコインロッカーがあり最小限の荷物で出掛けられる。質問はショップスタッフまで。

ADDRESS 18 Kainehe St. Kailua 96734
TEL 808-261-1200
URL kailuabicycle.com
HOURS 9am-5pm
CLOSED -
CREDIT CARD M, V

MAP 2 A-2

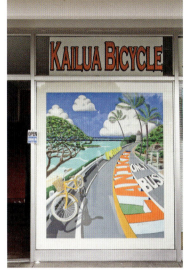

▲ 予約制ではなく、直接お店に行き貸し出し可能な自転車を選ぶシステム。予約時にはAMEX以外のクレジットカードが必要（デポジット用）。支払いは現金でも可能。レンタル料金は$6/1h〜$20/8h（超過料金は1hにつき$6）

[MEMO]
・ショップからカイルアビーチまで片道約15〜20分。
・ショップからラニカイビーチまで片道約22〜25分。
・ラニカイ、カイルアは一般市民の居住区のため民家のプライバシーを考慮し、迷惑にならないよう運転マナーを守ろう。

KAILUA | LANIKAI

SOUVENIRS UNDER $20

$20以下で買える、このエリアのお土産リスト

KAILUA
WIMINI
ホーローカップ

$18

耐久性に優れたホーローカップは「ウィミニ」の人気キャラクターのロゴを前後にプリント。サーフボードを持ったイラストはユタカ・チノによるMr.メロウでハンドプリント風。中底に見える"ALOHA"に思わずニッコリ。

WIMINI　P.61参照

MAP 2 A-2

KAILUA
SHAKA KLIPS
クリップ

$4.99

ハワイローカルが挨拶のときによくするシャカサイン。そのシャカを社名にした〈シャカクリップス〉から発売されているのが20個セットになったカラフルなクリップ。オフィスで使えば仕事中のイライラが軽減するかも!?

KAILUA GENERAL STORE　P.58参照

MAP 2 A-3

KAILUA
SOLA
ロックグラス

$18

"ALOHA"の文字とイラストが描かれたグラスはLAの〈シスターズ・オブ・ロサンゼルス〉社製。オーガニックインクを使って書かれたイラストはハワイの山と海を連想させ、お土産にも喜ばれるはず。食洗機は使用不可。

RED BAMBOO　P.60参照

MAP 2 A-2

KAILUA
CREPES NO KA'OI
キャップ

$20

「ベストクレープ」と名付けられているクレープ屋の看板キャラクターの刺しゅう入りキャップ。実はこれ店内でスタッフがかぶっているものとまったく同じ。シャカサイン片手のおじさんを見るたびに絶品クレープを思い出せる。

CREPES NO KA'OI　P.64参照

MAP 2 A-3

CHEAP EATS UNDER $10

KAILUA | LANIKAI

$10以下で味わう、エリア別の味

KAILUA
AGNES PORTUGUESE BAKE SHOP
マラサダ

 $1

マラサダは元々ポルトガルが発祥。パン屋として地元に根付くこのお店では、オーダーしてから揚げるマラサダが絶品。たっぷりの砂糖がまぶされた外側のサクサク食感が懐かしい味わい。イートインも可能なので休憩がてら試したい。

AGNES PORTUGUESE BAKE SHOP
ADDRESS 46 Hoolai St. Kailua 96734
TEL 808-262-5367
URL agnesbakeshop.com
HOURS Tue-Sat 6am-6pm
Sun 6am-2pm
CLOSED Mon
CREDIT CARD M, V
WiFi NO

MAP 2 A-2

KAILUA
LANIKAI JUICE
ピタヤボウル

 $9.75

ピタヤはドラゴンフルーツが原料でヘルシーフードとして注目を集める。グラノーラ、バナナ、マンゴー、イチゴ、ブルーベリー、そして細切りのココナッツがトッピングされたピタヤボウル。見た目にも鮮やかで口当たりも滑らか。

LANIKAI JUICE
ADDRESS 572 Kailua Rd.
Kailua 96734
TEL 808-262-2383
URL lanikaijuice.com
HOURS Mon-Sat 6am-8pm
Sun 7am-7pm
CLOSED -
CREDIT CARD A, M, V
WiFi NO

MAP 2 A-2

KAILUA
THE HIBACHI
ポケボウル

 約$8.95

10種類以上並ぶポケの中から好きなメニューをオーダー可能。市場で仕入れた活きのいい魚のみにこだわり冷凍物は一切使用していない。中でもジンジャー醤油や海藻入りのリムククイはライスにもよく合う。ロコ御用達のお店。

THE HIBACHI
ADDRESS 515 Kailua Rd.
Kailua 96734
TEL 808-263-7980
URL thehibachihawaii.net
HOURS Mon-Wed 10am-8pm
Thu-Sun 10am-9pm
CLOSED -
CREDIT CARD A, M, V
WiFi NO

MAP 2 B-3

AREA-3
NORTH SHORE
HALEIWA, WAIMEA

What is
Haleiwa
[ハレイワ]

ハワイ州より歴史・文化・景観特別保護地区に指定されているハレイワは南北に約2.5kmという小さな街。メインストリートのカメハメハ・ハイウェイ沿いには密集してショップやレストラン、カフェが並ぶ。オールドタウンと呼ばれることも多いが、ノスタルジックな雰囲気と新しい店が混在し、片側1車線ずつの道路には、バスで訪れる日本人観光客の姿も多く見られる。

What is
Waimea
[ワイメア]

島内で最も美しい夕焼けといわれるサンセットビーチは巨大な波のトンネルができるバンザイパイプラインのお隣のサーフポイント。また1960年代を舞台にした映画『ビッグ・ウェンズデー』のロケ地としても有名。激しい冬の海とは違い、夏は穏やかなビーチとして自然溢れる環境の中、のんびり海水浴が楽しめる。ウミガメで知られるラニアケアビーチまでは車で約10分。

ノースショア／ハレイワ、ワイメア

ワイキキから約51.5km、車で1時間強。オアフ島の北側に位置するワイメア湾に広がるノースショアは、世界一のサーフスポットとして名高い。そしてノースショアの中心の街がハレイワで、昔ながらの雰囲気が残る街並み散策と、ワイキキとはひと味もふた味も違うショッピングが楽しめる。またワイメア・ベイ・ビーチパークやバレーでは、ノースショアの壮大な自然に触れることもできる。

AREA GUIDE_02 | A

ALOHA GENERAL STORE
シェイブアイスを食べながらお土産探し

ハレイワのショッピングセンター、「ノースショアマーケットプレイス」内にあるよろず屋。お土産探しにはもってこいで、ハワイの定番お菓子やコスメの他に、カメやヤシの木、虹をモチーフにしたマグネットやウクレレなど店内には数千点の商品が揃う。またアイスなどのオーダーができるカウンターも。レインボーカラーのシェイブアイスと生クリームたっぷりのパイナップルボウルはロコ人気も高い(このカウンターでの支払いは現金のみ)。

ADDRESS 66-250 Kamehameha Hwy. #C130, Haleiwa 96712
TEL 808-637-2288
URL -
HOURS Mon-Sat 10:30am-6pm / Sun 11:30am-6pm
CLOSED -
CREDIT CARD M, V

MAP 3 B-2

1_ ステンドガラス$12.95〜、ワッペン$5.95〜

2_ ストロベリー、バナナ、バニラを組み合わせたレインボーシェイブアイスは$3.25。パイナップル味のシェイブアイスにバニラアイスとホイップクリームをミックスしたボウルは$6.25

NORTH SHORE [HALEIWA | WAIMEA]

1_ 日本で活躍するコージ・トヨダやユースケ・ハナイの作品も。オリジナルTシャツは$30～

2_ ヘザーブラウン作品が充実。ジクレープリント$30～、キャンバス$250～、限定作品$530～

GREENROOM HAWAII
サーフアートに触れる絶好の機会

ハレイワの新名所、「ハレイワ・ストア・ロット」にオープンしたギャラリー兼セレクトショップ。「グリーンルーム」といえば、ビーチ&サーフをルーツに持つアートをフューチャーし、ハワイのカルチャーシーンを盛り上げる存在。ハワイ在住のアーティストとして知られるヘザーブラウンの作品やボードシェイパーとしても活躍するカリフォルニア在住のタイラー・ウォーレン作品などを積極的に紹介し、アート作品以外にもハレイワ店限定Tシャツや雑貨などを扱う。

ADDRESS 66-111 Kamehameha Hwy. #201. Haleiwa 96712
TEL 808-924-4404
URL greenroomhawaii.jp

HOURS 10am-6pm
CLOSED -
CREDIT CARD A,M,V

MAP 3 B-1

NUMBER 808

オーナーのセンスが光るセレクション

ハワイ出身のキャビーと〈クオリティー・ピープル〉のデザイナーを務めるジョンが始めたお店は2015年のオープンにも関わらず、すでにハレイワを代表するセレクトショップに。メンズ、レディース共に並ぶ店内はハワイとカリフォルニアのブランドを中心とした商品構成で、LA発の〈アポリス〉や〈ブラッククレーン〉の新作を心待ちにするファンも多い。さらにハワイ発の〈ファウンドウッド〉やヴィンテージの器など日常生活に取り入れたい商品が並ぶ。

ADDRESS 66-165 Kamehameha Hwy. #4-4C, Haleiwa 96712
TEL 808-312-1579
URL number808.com
HOURS 11am-6pm
CLOSED -
CREDIT CARD A,M,V

MAP 3 B-1

1_ サーフやアロハの文字をプリントしたシンプルなTシャツはサイズS〜Lを取り揃える。$39

2_ シャツはニューヨーク発の〈ハスハス〉で$395、クッションは〈メリッサハナ〉で$30〜40

NORTH SHORE [HALEIWA | WAIMEA]

PATAGONIA HALE'IWA

永遠の定番アウトドアブランド

「ノースショアマーケットプレイス」内にあるパタゴニアはハワイでのマリンスポーツやアウトドアに使えるアイテム探しにもってこい。日本語を話せるスタッフがいるのも心強い。またホノルルのワードセンターズにも店舗あり。

ADDRESS 66-250 Kamehameha Hwy. Haleiwa 96712
TEL 808-637-1245
URL patagonia.com/us/
HOURS 10am-6pm
CLOSED -
CREDIT CARD A, M, V
MAP 3 B-2

SAN LORENZO BIKINIS

カラフルなビキニが勢揃い

ペルーのリマで生まれたビキニカンパニーは現在、オアフ島で6店舗、さらにマウイ島とカリフォルニアにもお店を持つ。セクシーかつトレンド感満載のデザインはハワイの海によく映える。セールコーナーも忘れずチェック。

ADDRESS 66-57 Kamehameha Hwy. Haleiwa 96712
TEL 808-637-3200
URL sanlorenzobikinis.com
HOURS 10am-6:30pm
CLOSED -
CREDIT CARD A, M, V
MAP 3 B-1

AREA GUIDE_03 | **P-C**

CAFE HALEIWA
親子2代に渡りこの地でレストランを経営

映画の舞台になりそうな昔ながらのカフェは一見ダイナーのような雰囲気だが、夜になるとパスタや魚のグリルなど本格的なディナーメニューが味わえる。どれもアメリカンサイズで、おすすめは野菜たっぷりのベジーオムレツ$10.65。

ADDRESS 66-460 Kamehameha Hwy. Haleiwa 96712
TEL 808-637-5516
URL -
HOURS [Breakfast / Lunch] 7am-2pm
　　　[Dinner] Wed-Sat 6pm-10pm
CLOSED -
CREDIT CARD A,M,V
WiFi YES

MAP 3 B-3

CELESTIAL NATURAL FOODS
地域に根付いたナチュラルスーパー

1974年創業のスーパーは地元の主婦や観光客、レストラン関係者など客足が途絶えることはない。野菜などの食材や総菜、日用品からサプリなど何でも取り揃える頼もしい存在。奥にはハーブとスパイスの量り売りコーナーも。

ADDRESS 66-443 Kam Hwy. Haleiwa 96712
TEL 808-637-6729
URL -
HOURS Mon-Sat 9am-7pm　Sun 9am-5pm
CLOSED -
CREDIT CARD A,M,V
WiFi NO

MAP 3 B-3

NORTH SHORE [HALEIWA | WAIMEA]

COFFEE GALLERY

1987年から続くコーヒー専門店

早朝から賑わうコーヒーにこだわったお店は「ノースショアマーケットプレイス」の中央に位置する。店内で焙煎した豆を使った淹れ立てのコーヒー片手に、自家製のスコーン$3.25やパンプキンチョコレート$3.50を頬張るローカルの姿が目立つ。地元ワイアルア産のコーヒー豆100%は1袋(340g)$22.95〜$25.95、ノースショアの名前が付いたブレンドコーヒー豆は1袋$12.95。パッケージにはハワイの写真をコラージュしているのでお土産としても最適。

ADDRESS 66-250 Kamehameha Hwy. Haleiwa 96712
TEL 808-637-5571
URL roastmaster.com
HOURS 6:30am-8pm
CLOSED -
CREDIT CARD A, M, V
WiFi YES

MAP 3 B-2

1_ 自家製グラノーラはシロップ漬けしたフルーツとヨーグルトをプラスして$5.25。コーヒー$1.65〜

2_ キッチンで毎朝焼き上げられるペストリーも評判。リリコイモーニングバンは$3.50

GIOVANNI'S SHRIMP TRUCK

ガーリックの匂いが食欲をそそる

ガーリックシュリンプ屋の元祖といわれる「ジョバンニ」の2号店。オイルとバターをたっぷり使ったメニューはシュリンプスキャンピー、レモンバター、ホット＆スパイシーの3種類のみ。どれも2杯のライス付きで$13とお手頃価格。

ADDRESS 66-472 Kamehameha Hwy. Haleiwa 96712
TEL 808-293-1839
URL giovannisshrimptruck.com
HOURS Mon-Sat 10:30am-5pm
CLOSED Sun
CREDIT CARD NO

MAP 3 B-3

KONO'S

お腹を空かせたサーファーが集う店

男性に人気のブレックファーストボンバーズは豚やベーコンソーセージなど6種類の中から好きなものを選べるブリトーで$7.49。特製サルサはお好みで。サーフボードに乗った豚の看板が目印。(店はノースショアマーケットプレイス内)

ADDRESS 66-250 Kamehameha Hwy. #G110. Haleiwa 96712
TEL 808-637-9211
URL kaluapork.com
HOURS 7am-2:30pm
CLOSED -
CREDIT CARD A,M,V
WiFi NO

MAP 3 B-2

NORTH SHORE [HALEIWA | WAIMEA]

MACKY'S SWEET SHRIMP TRUCK

女性支持率 No.1 のガーリックシュリンプ

ワイキキ方面から向かうとハレイワの入口でまず目に入るのがマッキーズのトラックだ。メニューはオリジナル、バターガーリック、レモンペッパー、スパイシーホット、ココナッツの5種類でどれもサラダとライス付きで$13

MAP 3 B-3

ADDRESS 66-632 Kamehameha Hwy. Haleiwa 96712
TEL 808-780-1071
URL mackeyshrimptruck.com
HOURS 9am-6:30pm
CLOSED -
CREDIT CARD NO
WiFi NO

NORTH SHORE GOODIES

もらって嬉しいお土産が揃う

ノースショアに拠点を置くカンパニーでココナッツとピーナッツを組み合わせたオリジナルバターを発売したところ大ヒット。現在はリリコイやマンゴーのバター、ドレッシングなど55種類もの商品を展開。ピーナッツバター（10oz）は$8

ADDRESS 66-520 Kamehameha Hwy. #100. Haleiwa 96712
TEL 808-200-0575
URL northshoregoodies.net
HOURS 10am-6pm
CLOSED -
CREDIT CARD A,M,V
WiFi NO

MAP 3 B-3

OPAL THAI FOOD

ハレイワで味わう本格タイ料理

以前はワゴントラックでタイ料理屋をしていたオパールが常連客からの要望もありハレイワにレストランをオープンしたのが2011年。それ以来、昼夜問わず予約必須の人気店に。オーダー時に、おすすめのメニューをアレンジし人数とお腹の空き具合に合わせて量も調整してくれるので嫌いなものや苦手な食材があれば伝えよう。運ばれてくるメニューは、ガーリックたっぷりの手羽チキンや日本人にもおなじみのパッタイなどどれもオーナーの自信作。

MAP 3 B-2

ADDRESS 66-197 Kamehameha Hwy. #C. Haleiwa 96712
TEL 808-637-7950
URL -
HOURS [Lunch] Tue-Sat 11am-3pm [Dinner] Tue-Sat 5pm-10pm
CLOSED Sun. Mon
CREDIT CARD NO
WiFi NO

1_ パッタイヌードルはシュリンプ$11.95、チキン$10.25、ベジタブル$10.25と具材により値段が異なる。

2_ スパイシーグレーズガーリックチキン$9.50は抜群の味付け。チキンを豆腐に変更することも可。$9.25

NORTH SHORE [HALEIWA | WAIMEA]

RAY'S KIAWE BROILED CHICKEN

20年続くフリフリチキン

土日になると「マラマ・マーケット」の駐車場から立ち上がる炭火の煙。1日400羽以上というスペシャルシーズニングで味付けされた焼き立てチキンはプレートランチが$8.50、ホールチキンが$10、ハーフが$6。コールスローは$2

ADDRESS | 66-160 Kamehameha Hwy. Haleiwa 96712
TEL | -
URL | -
HOURS | Sat. Sun 9am-4pm
CLOSED | Mon-Fri
CREDIT CARD | NO
WiFi | NO

MAP 3 B-1

STORTO'S DELI & SANDWICH SHOP

30cmのロングなサンドウィッチ

1977年創業という昔ながらのサンドウィッチ屋にはサーフスポットの名前が付けられたメニューが並ぶ。ペパロニやパストラミなどイタリア人のオーナーらしい具材が多くボリュームも満点。ハーフサイズが$7、フルサイズが$14

ADDRESS | 66215 Kamehameha Hwy. Haleiwa 96712
TEL | 808-637-6633
URL | stortoshaleiwa.com
HOURS | 10am-6pm
CLOSED | -
CREDIT CARD | NO
WiFi | NO

MAP 3 B-2

THE BEET BOX CAFE

ベジタリアンにも嬉しいヘルシーカフェ

時間を問わずいつでもオーダーできる朝食メニューの中でも、店の名前が付けられたビートボックスブリト―$11が人気。具材はスクランブルエッグ、ビーンズ、アボカド、マンゴーサルサなどがぎっしり。また、ハワイ名物のアサイボウルは5種類、スムージーとフレッシュジュースはそれぞれ10種類揃う。水曜〜土曜のみ営業するディナータイムではラーメン$18やアボカド天ぷらタコス$17などをベジタリアン用にアレンジして提供している。

ADDRESS 66-437 Kamehameha Hwy. #104. Haleiwa 96712
TEL 808-637-3000
URL thebeetboxcafe.com
HOURS [Breakfast / Lunch] 7am-4pm
       [Dinner] Wed-Sat 6pm-9:30pm
CLOSED -
CREDIT CARD A,M,V
WiFi NO

MAP 3 B-3

1_ ローカルベーカルで仕入れるピタパンを使ったアボカドトーストは$5.25、コーヒーは$2.50

2_ 明るく陽気なスタッフの笑顔に癒される。ランチメニューのオーダーは11時から。

NORTH SHORE [HALEIWA | WAIMEA]

UNCLE BO'S BAR & GRILL

特製カクテルを飲みながら
ププスを堪能

カパフル通りにある本店の2号店として2015年に待望のオープンを果たした。明るいインテリアは家族や大人数での食事にも向いている。ラオス出身のオーナー、ボーが考案するメニューはアジアンとアメリカンをベースに世界中のテイストをミックス。中でも"PUPUS"と呼ばれる前菜が充実し、アヒやエビを使った魚介のメニューがおすすめ。朝食はもちろん、ハンバーガーやピザ、子ども用のメニューなども揃い、シェフおすすめメニューには"MUST TRY"のマークが記されている。

ADDRESS 66-111 Kamehameha hwy. #101. Haleiwa 96712
TEL 808-797-9649
URL unclebosrestaurant.com
HOURS 10am-9pm
CLOSED -
CREDIT CARD A, M, V
WiFi NO

MAP 3 B-1

1_ ベーコンが添えられたクラブケーキエッグベネディクトはフライドポテトのセットで$16.95

2_ タイスタイルのクラムスープはチリとガーリックオイスターソースがベース。$16.95

▲クラシックサンドの定番BLTは$7、パパイヤ、マンゴー、パッションフルーツが入ったスムージー、パッションプレジャーは$4

WAIALUA BAKERY & JUICE BAR

焼き立ての甘い香りが食欲をそそる

ロコアーティストによるサーフボードや絵が飾られた家族経営のベーカリーショップは客も常連が多くアットホームな雰囲気。クッキーやパンはオーナーでもあるアナの手作りで、毎朝焼き立てが味わえる。そのクッキーを使ったアイスクリームのクッキーサンドは子どもにも大人気。クラシックとベジタリアンに分けられたサンドウィッチは約16種類で具材の追加も可能。また20種類以上あるスムージーも新鮮な野菜とフルーツにこだわっている。

ADDRESS 66-200 Kamehameha Hwy. Haleiwa 96712
TEL 808-341-2838
URL -
HOURS Mon-Sat 5pm-11pm
CLOSED Sun
CREDIT CARD NO
WiFi YES

MAP 3 B-2

EXPERIENCE
WAIMEA BAY BEACH PARK

岩場ダイブにトライせずとも
ビーチが楽しい

夏と冬でまったく違う表情を見せるワイメア湾は内海になっているため透明度は抜群でビーチにある岩場は穏やかな波になるとダイブを楽しもうとロコたちが集まってくる。海水浴やシュノーケルをするにも絶好のスポット。

ADDRESS 61-031 Kamehameha Hwy. Haleiwa 96712
PARKING YES
SHOWER / TOILET YES

EXPERIENCE
WAIMEA VALLEY

ハワイの歴史が眠る
ワイメアの滝

園内に入るとさっそくビジターセンターで孔雀がお出迎え。約5000種類の植物がある自然公園内にはハイキングコースがあり、歩くこと約30分、橋を渡りきったところにワイメアの滝が登場する。この滝つぼは遊泳もできる。

ADDRESS 59-864 Kamehameha Hwy. Haleiwa 96712
TEL 808-638-7766
URL waimeavalley.net
HOURS 9am-5pm
CLOSED -
CREDIT CARD M, V
PARKING YES
TOILET YES

ENTERTAINMENT SPOT | EXPERIENCE | LOOK | PLAY

EXPERIENCE
BANZAI SKATEPARK
海まで歩いて3分のスケートパーク

ワイメア湾を過ぎカメハメハハイウェイをバンザイパイプラインに向かうとその手前の右手に現れる。ランプ、バンク、レール、ステアを配置したパークには近所の小学生たちで賑わうことも。フレンドリーなロコが多いので安心。

ADDRESS 59-460 Kamehameha Hwy. Haleiwa 96712
PARKING YES
SHOWER / TOILET NO

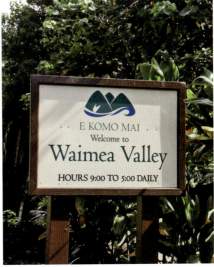

MAP 1 オアフ島全体マップ参照

NORTH SHORE [HALEIWA | WAIMEA]
SOUVENIRS UNDER $20
$20以下で買える、このエリアのお土産リスト

HALEIWA
NO BRAND
ドライバーズライセンス

$3.95

笑えるお土産にしたいのがハワイ出身のオバマ大統領のドライバーズライセンス。誕生日や住所や有効期限まで書いた一見精巧な作りだが、もちろん偽物。もらって嬉しいかどうかはさておきオバマ似の友達がいる方はお土産にぜひ。

ALOHA GENERAL STORE　P.73参照
MAP 3 B-2

HALEIWA
SHAKA KLIPS
ピンバッジ

各$2.95

ピンバッジ好きにはたまらないベタで分かりやすいデザインがハワイの土産ショップには充実している。いかにもハワイのハングルースサインとレトロなサーフプリントはキャップやバッグのワンポイントにジャストなサイズ。

ALOHA GENERAL STORE　P.73参照
MAP 3 B-2

HALEIWA
WOW WOW
ジャー

$10

レモネードで有名な「ワウワウ」のロゴ入りメイソンジャーは24oz（700ml）サイズと32oz（946ml）の2サイズ展開。何度でも使い回しができるエコアイテムとして自分用へのお土産に買い求める女子が多い。ワヒアワに本店あり。

WOWWOW HAWAIIAN LEMONADES　P.89参照
MAP 3 B-3

HALEIWA
SAN LORENZO BIKINIS
水着ポーチ

$15~18

おしゃれにこだわる女子にとってビキニ入れがビニール袋というのも味気ない。「サンロレンゾビキニ」で発売中のジップ付きポーチは、濡れた水着の収納にも使え、海へのお出掛けにもぴったり。見た目はもちろん実用性にも大満足。

SAN LORENZO BIKINIS　P.76参照
MAP 3 B-1

NORTH SHORE [HALEIWA | WAIMEA]
CHEAP EATS UNDER $10
$10以下で味わう、エリア別の味

HALEIWA
HALEIWA BOWLS
アサイボウル

$7 or 10

わらぶき屋根が目をひくスタンドショップ。オーガニックフルーツとヘンプグラノーラで作るアサイボウルはブレンドとサーフの2種類で75¢でトッピングの追加もできる。他にスムージーやコンブチャも扱う。(写真はブレンドボウル)

HALEIWA BOWLS
ADDRESS 66-082 Kamehameha Hwy. Haleiwa 96712
TEL 808-551-9507
URL haleiwabowls.com
HOURS 7:30am-6:30pm
CLOSED -
CREDIT CARD A, M, V
WiFi NO

MAP 3 C-1

HALEIWA
TED'S BAKERY
チョコレートハウピアパイ

$3.60

ハウピアと呼ばれるココナッツミルクとチョコレートを組み合わせたクリームパイが店の看板メニュー。見た目ほど甘くなく、フルサイズで購入するファンも多い。スウィーツパイ以外にフライドライスやロコモコなども人気。

TED'S BAKERY
ADDRESS 59-024 Kamehameha Hwy. Haleiwa 96712
TEL 808-638-8207
URL tedsbakery.com
HOURS 7am-8pm
CLOSED -
CREDIT CARD M, V
WiFi NO

MAP 1 A-4

HALEIWA
WOW WOW
ラヴァフローレモネード

$10

ハワイ産のオーガニックフルーツとサトウキビを使用した作り立てのレモネードが飲めるお店。ラヴァは溶岩を意味し、イチゴが入ったラヴァフロー以外に15種類のレモネードが楽しめる。またメイソンジャーやTシャツも販売。

WOWWOW HAWAIIAN LEMONADES
ADDRESS 66-526 Kamehameha Hwy. Haleiwa 96712
TEL 808-673-8565
URL wowwowhawaiianlemonade.com
HOURS 7am-5pm
CLOSED -
CREDIT CARD A, M, V
WiFi NO

MAP 3 B-3

BEST THINGS TO DO IN HAWAII

SURF | GOLF | HIKING | FARMER'S MARKET

ハワイで楽しみたいこと

ショッピングに海水浴、食事以外にも楽しめるのがハワイの魅力。もっとハワイを知るという意味でもローカルに混じって色んなアクティビティにチャレンジしよう。何よりも年間を通して安定した気候と素晴らしい環境が整ったハワイでは日頃やりたいと思っていたことにチャレンジできる絶好の機会。東京23区とほぼ同じ面積のオアフ島を遊び尽くそう。

SURF

ALA MOANA BEACH

上級者に混じって本気サーフィンデビュー

ワイキキビーチの隣にあるアラモアナビーチにはプロやトップアマが訪れることも多くグーフィーの波がメイン。ワイキキビーチに比べ観光客が少なく、2〜4フィートの波が立つため早く上達したい人にはおすすめ。ちなみに「タカサーフ」(P.48参照)ではこのビーチでレッスンを開催することもある。インサイドが浅いのでウニには要注意。

ADDRESS 1201 Ala Moana Blvd. Honolulu 96814
PARKING YES
SHOWER / TOILET YES

MAP 1 C-3

BANZAI PIPELINE

大波に挑むトップサーファーを観戦

ノースショアのエフカイビーチにあるサーフポイントが世界的に有名なバンザイパイプライン。強力なパワーの波がリーフにぶつかることにより世界最大級のチューブが発生する。美しくパワフルなチューブは世界一とも言われ、このサーフスポットを舞台にした映画が『ブルークラッシュ』だ。夏は海水浴、冬はサーフィン観戦に出掛けよう。

ADDRESS 59-337 Ke nui Rd. Haleiwa 96712
PARKING YES
SHOWER / TOILET YES

MAP 1 オアフ島全体マップ参照

SUNSET BEACH

サーファーなら一度はトライしたい

世界有数のプロサーファーが競う「トリプルクラウン・オブ・サーフィン」の第2戦が開かれるレギュラーオンリーのポイント。ポイントまでは少し遠く夏でも流れが速い。北うねりが入る右奥と西うねりが入るふたつのピークがあり、この2つの波が重なると10フィートにも達する。腕に自信のあるベテランサーファーならこの波に挑戦したくなるはず。

ADDRESS 59-104 Kamehameha Hwy. 96712
PARKING YES
SHOWER / TOILET YES

MAP 1 オアフ島全体マップ参照

HIKING

KOKO CRATER RAILWAY TRAIL

ハワイカイを一望できる山頂からの眺め

ハイキング慣れしている人にチャレンジして欲しいのは標高368mのココクレーター。現在は使われていない枕木（階段）を1048段登るというハードなコースで、片道1時間弱のコースだが急傾斜の場所もあるため体力に自信のない人にはおすすめしない。時間帯は早朝がベストで、必ず運動靴で。水、タオル、サングラスなどの準備も忘れずに。

ADDRESS 423 Kaummakani St. Honolulu 96825
PARKING YES（ココヘッドディストリクトパークに駐車可能）

MAP 1 オアフ島全体マップ参照

GOLF

ALA WAI GOLF COURSE

真っ青な空のもとでゴルフ三昧

ハワイ州の中で1番ゴルフコースが多いのはオアフ島。35～40のゴルフコース場があり、市営のものからリゾート系まで幅広くプレー料金も$70～300と選ぶコース場による。ハワイでは18ホールスループレーかつセルフプレーが基本でショートパンツでのプレーが認められている。日本語を話せるドライバーの送迎サービスや道具のレンタルもある。

ADDRESS 404 Kapahulu Ave. Honolulu 96815
TEL 808-733-7387

MAP 1 E-4

BEST THINGS TO DO IN HAWAII | HIKING | GOLF | FARMER'S MARKET

FARMER'S MARKET

KCC FARMER'S MARKET

ハワイの名産品を試食できるチャンス

ダイヤモンドヘッドの麓にあるカピオラニ・コミュニティ・カレッジの駐車場で開かれているファーマーズマーケット。ワイキキから車で約15分という立地もあり、地元の人はもちろん日本人観光客も多い。ハワイ土産として日本に持ち帰ることができる〈ビッグアイランド・ビーズ〉のはちみつや〈ハッピーケーキ〉のパイナップルケーキは試食もできる。

ADDRESS 4303 Diamond Head Rd. Honolulu 96816
TEL 808-848-2074
URL hfbf.org/markets
HOURS Tue 4pm-7pm
Sat 7:30am-11am
PARKING YES

MAP 1 E-4

1967年から続くハワイの老舗。パイナップルマカダミアナッツケーキ小 $10、大$19.95

KAILUA TOWN FARMER'S MARKET

地元の人と触れ合う楽しいひと時

カイルア小学校の駐車場で開催される小規模なファーマーズマーケットには、バラエティに富んだショップが揃う。ピクルスやハワイアンシーソルト、子供に塗り絵をさせてくれるコーナー、P.89の「ワウワウ」のレモネードなど子供も大人も楽しめる。食事ができるスペースではハワイアンミュージックの生演奏も聴けるとあってブランチがてら訪れるローカルが多い。

ADDRESS 315 kuulei Rd. Kailua 96734
TEL 808-388-9696
HOURS Sun 8:30am-Noon
PARKING YES

MAP 2 A-2

AREA-4

HAWAII IS

KONA, HILO, HONOKA'A

ハワイ島／コナ、ヒロ、ホノカア

ビッグアイランドの愛称でも知られる通り、ハワイ州全体の62%を占めるハワイ島。東京都の面積の約4.7倍ともいわれ、火山活動を続けるキラウエアとマウナロアの溶岩が海側に延びることで現在も成長を続けている。ハワイ諸島の1番南に位置しオアフ島に次いで2番目に人口が多く、最近はマウナケア山やすばる天文台などで知名度も上がり日本人観光客からも人気。ヒロが最大の都市とされ、東西に分かれるヒロとコナにそれぞれ空港がある。

-LAND

What is
KONA [コナ]

ハワイ島の西側に位置し、ヒロに比べて雨が少なく乾燥しているのが特徴で、午前中は天気がよく午後は曇ることが多い。カイルア・コナはカメハメハ大王が晩年を過ごした場所としても有名で、古代ハワイの歴史にまつわる観光スポットが点在する。美しいサンセットを見ることができる高級リゾートホテルが西側に集中していることもあり欧米の観光客にも人気。

What is
HILO [ヒロ]

ハワイ島の経済と行政の中心地で、ハワイ州ではホノルルに次いで大きい都市とされる。古い街並みとノスタルジックな雰囲気はタイムスリップしたような錯覚を覚えるほど他の街にはない趣き。キラウエア火山があるハワイ火山国立公園まで車で約45分と比較的近いため、ホノルルから日帰りで訪れるツアー客も多い（ちなみにホノルルから飛行機で約50分）。

What is
HONOKA'A [ホノカア]

映画『ホノカアボーイ』の舞台として注目を集めたハワイ島北部に位置するホノカアは古きよき日系移民の街。素朴という言葉がぴったりな昔ながらの田舎街だが、サトウキビとマカダミアナッツで栄えた時代もあった。わずか数百メートルのメインストリートに立ち並ぶカフェやヴィンテージショップ、教会を散策しにヒロやコナから訪れる人で賑わう。

BASICALLY BOOKS

ハワイ特有の楽しいお土産がいっぱい

天井からぶら下がった傘の多さに思わず傘屋かと思ってしまうが実はここ、出版社のオフィスを兼ねたブックストアで30年の歴史を持つ。フラダンスやハワイアンキルトなどハワイならではの専門書やロゴ入りマグカップ、レイ作りのキット、地図やポスターなどセレクションが面白い。CDコーナーもハワイアンミュージックが中心で、ドライブ用に購入すれば気分も上がる。ハワイアンテキスタイルを使用した傘ももちろん商品として販売している。

ADDRESS 160 Kamehameha Ave. Hilo 96720
TEL 808-961-0144
URL basicallybooks.com
HOURS Mon-Fri 10am-6pm
　　　 Sat 10am-5pm　Sun 11am-3pm
CLOSED -
CREDIT CARD A,M,V

MAP 4 E-3

1_ ハワイアンテイスト全開のマグカップは$3.99〜$14.75。他にエプロンやキッチングッズも揃う。

2_ 店内で行われるイベント情報はWebでチェック。毎月第1金曜日は午後8時まで営業している。

AREA GUIDE_04 | B-G

CAPTAIN COOK
BIG ISLAND BEES
100% オーガニックのオヒアレフアハニー

ADDRESS 82-5780 Napoopoo Rd. #100. Captain Cook 96704
TEL 808-328-1315
URL bigislandbees.com
HOURS Mon-Fri 10am-4pm　Sat 10am-2pm
CLOSED Sun
CREDIT CARD A, M, V

もらって嬉しいお土産のひとつ、〈ビッグアイランドビーズ〉の白いはちみつ。ハワイ唯一の工房と同じ敷地内にあるミュージアム兼ショップでは、テイスティングやハチの様子などを観察できる。限定グッズの販売やツアーもある。

MAP 5 E-1

ハワイアンハニーマスタードも絶品。$8

HONOMU
GLASS FROM THE PAST
磨き上げられたガラスが並ぶ

オーナーのデイビッドがハワイ島で見つけたガラスボトルは1000本以上。1880〜1950年代を中心としたさまざまなデザインのボトルは$1〜300が昔ながらの店頭に並ぶ。ヴィンテージのアロハシャツやレコードは$10〜$100

ADDRESS 28-1672-A Old Mamalahoa Hwy. Honomu 96728
TEL 808-963-6449
URL -
HOURS 10am-5pm
CLOSED -
CREDIT CARD M, V

MAP 4 E-3

HILO | KOHALA | KONA

KAINALIU

H. KIMURA STORE
ハワイアンキルトセットが購入できる

1926年におじいさんが始めたお店を引き継ぎ、現在は日系3世のアイリーン兄弟が店を切り盛りするカイナリウを代表する生地屋。インドネシアや韓国、日本、アメリカ本土から仕入れた年代ものの生地が並び、1ヤード約$5〜20で購入できる。中には懐かしのデザインやシルク素材のものもあり、作りたいものが決まっていれば寸法などの相談も可能。裁縫好きの人にはハワイアンキルトセットや〈ジェイエイチビー〉のボタン$1.20〜3.90も魅力的。

ADDRESS 79-7408 Mamalahoa Hwy. Kainaliu 96750
TEL 808-322-3771
URL -
HOURS Mon-Sat 9am-5pm
CLOSED Sun
CREDIT CARD A, M, V

 MAP 5 D-1

1_ ハワイらしい彩り豊かな生地は薄手のものが中心でドレスやバッグを作るのにもおすすめ。

2_ ピンク柄のアロハシャツを着たキュートなアイリーン。珍しい生地なども見せてくれる。

AREA GUIDE_04 | H-K

1_ 帽子の形を整えているフミコさんは日系3世。その奥では葉をカットして下準備をしている。

2_ 丁寧に編み込まれた帽子の中にはユニークなデザインも。パンダナで作ったリボンもオリジナル。

HOLUALOA

KIMURA LAUHALA SHOP

ハワイの伝統工芸を守る見事な技

自分たちの農場で育てたタコノキ属パンダナスの葉を使って作り続けているラウハラ製品。手作りにこだわった美しい編み目の商品が並ぶこのお店では、大きな葉をなめしている作業風景をカウンター越しに見ることができる。手間暇かけて作られたカゴやバッグ、帽子は色あせることなく、手作りのため商品1点1点表情が違うのも味といえる。スリッパや小さいポーチなどお土産として持って帰る人も多い。但し、値段は商品により異なるため店頭で聞いてみよう。

ADDRESS 77-996 Hualalai Rd. Holualoa 96725
TEL 808-324-0053
URL holualoahawaii.com
HOURS Mon-Fri 9am-5pm　Sat 9am-4pm
CLOSED Sun
CREDIT CARD A, M, V

MAP 5 C-2

HOLUALOA
KEAUHOU STORE
100年近くにわたって受け継がれる名店

1919年に日系1世のヨシスケ・ササキが始めた歴史ある商店。現オーナーのブラウンが可能な限り当時のままの状態で保持している備品や内装からはオールドハワイの暮らしを知ることができる。商品は新鮮な野菜とハワイや日本の食材などが中心で、10時から午後4時まで販売されるチーズバーガーやホットドッグ、手作りクッキーは常連客のお墨付き。さらに郵便局としての役割も果たし、ローカルにとって日々の生活に欠かせない存在といえる。

ADDRESS 78-7010 Mamalahoa Hwy. Holualoa 96725
TEL 808-322-5203
URL keauhoustore.com
HOURS Mon-Sat 10am-5:30pm
CLOSED Sun
CREDIT CARD A, M, V

MAP 5 D-1

1_ 元オーナーが使っていたオフィスは見学可能。電話やタイプライターからも時代を感じる。
2_ 〈キラウエア〉のアロハシャツも展示販売している。店の写真がプリントされたTシャツ$16

AREA GUIDE_04 | **K-P**

WAIMEA

PARKER RANCH STORE

ウエスタングッズの
品揃えはピカイチ

パーカー牧場が運営するギフトショップにはカウボーイハット、ウエスタンブーツ、ベルトなどオリジナルのパニオログッズが並ぶ。他にもキッズ商品や木の器、オーガニックコスメなど年齢性別問わずショッピングが楽しめる。

ADDRESS 67-1185 Mamalahoa Hwy. Waimea 96743
TEL 808-887-1046
URL parkerranchstore.com
HOURS Mon-Sat 9am-6pm　Sun 9am-5pm
CLOSED -
CREDIT CARD A,M,V

MAP 4 B-2

WAIKOLOA

PERSIMMON

ショッピング好きの女子は必見

クイーンズマーケットプレイスのモール内にあるセレクトショップ。おしゃれ女子にもファンが多く、〈ティアレハワイ〉のドレスやマウイ島発の水着ブランド〈アカシア〉など新作が揃う。ヘザーブラウンの作品は$43で販売。

ADDRESS 69-201 Waikoloa Beach Dr. #910. Waikoloa Village 96738
TEL 808-886-0303
URL persimmonboutique.com
HOURS 9:30am-9:30pm
CLOSED -
CREDIT CARD A,M,V

MAP 4 B-2

HILO | KOHALA | KONA

1_ レディース用のノースリーブトップス$89、ワンピース$110〜120。パレオやコスメポーチはお土産に。

2_ 色づかいが楽しい半袖のメンズ用アロハシャツ$110

HILO

SIG ZANE DESIGNS

ハワイの正装、アロハシャツを手にいれる

年齢を問わずハワイの正装として定着しているアロハシャツはハワイの歴史を語る上で欠かせない。ハワイ島の有名ホテルのファブリックにも起用されている〈シグー・ゼーン・デザインズ〉ではハワイ固有の植物をモチーフにしたプリントと落ち着いた配色が特徴。新作にも力を入れているオリジナル商品はアロハシャツ、ワンピース、スリッパなどが揃う。直営店でしか手に入らない柄も多くサイズも充実しているので納得のいくものを探したい。

ADDRESS 122 Kamehameha Ave. Hilo 96720
TEL 808-935-7077
URL sigzanedesigns.com
HOURS 9:30am-9:30pm
CLOSED -
CREDIT CARD A, M, V

MAP 4 E-3

HONOKA'A
THE MAD HATTER'S TEA PARTY SUPPLIES

オーナーの世界観が詰まったショップ

店名からディズニーランドを思い浮かべる人も多いはず。オーナーのベスがカリフォルニアやメキシコなどで集めたヴィンテージは1000点以上。洋服、アクセサリー、食器など1980〜90年代のものが中心で、ティーグッズのコレクションにも自信あり。

ADDRESS 45-3587 Mamane St. Honokaa 96727
TEL 808-333-6404
URL -
HOURS Mon-Sat 10am-6pm
CLOSED Sun
CREDIT CARD A, M, V

MAP 4 C-1

KEALAKEKUA
VINTAGE ADVENTURE

ハワイ島で集めた選りすぐりのアンティーク

アロハシャツ、ジュエリー、家具が所狭しと並ぶ店内には1960年代の洋服やステンドグラスなど掘り出しものがいっぱい。フラ人形やキッチン雑貨は見ているだけでも楽しめる。ハワイアンキルトのクッションカバー$35〜95

ADDRESS 79-7540 Mamalahoa Hwy. #H. Kealakekua 96750
TEL 808-430-2041
URL -
HOURS Mon. Tue. Thu-Sat 10am-5pm
CLOSED Sun. Wed
CREDIT CARD A, M, V

MAP 5 D-1

HILO | KOHALA | KONA

KAILUA-KONA

BASIK CAFE

バラエティ豊かな アサイボウル

7種類あるアサイボウルはマンゴージュースが入ったキラウエアやヘンプミルクが入ったブナなど具材のチョイスがユニーク。S/Mサイズが$11、Lサイズが$14。8種類あるスムージーは$7〜9。サンフランシスコにも支店をもつ。

ADDRESS 75-5831 Kahakai Rd. Kailua-Kona 96740
TEL 808-238-0184
URL basikacai.com
HOURS 8am-4pm
CLOSED -
CREDIT CARD A, M, V
WiFi NO

 MAP 5 C-2

KAILUA-KONA

DAYLIGHT MIND COFFEE COMPANY

コーヒーにフォーカスしたレストラン

シーズンごとにメニューを変えるコナに本店を持つレストラン。90%の食材をハワイの島々から取り寄せ、コナコーヒーとセットで楽しめるケーキやパンも自分たちのベーカリーで焼き上げる。ポーチドエッグのせポークワッフル$19

ADDRESS 75-5770 Ali'i Dr. Kailua-Kona 96740
TEL 808-339-7824
URL daylightmind.com
HOURS [Coffee bar] 7am-9pm
　　　　　[Restaurant] 8am-9pm
CLOSED -
CREDIT CARD A, M, V
WiFi YES

MAP 5 B-2

AREA GUIDE_04 | B-D

HILO
BIG ISLAND CANDIES
"ALOHA" の心が詰まった名物クッキー

ヒロ発祥の〈ビッグアイランドキャンディーズ〉のショートブレッドはハワイを代表するお土産のひとつ。地元産の卵とハワイ産のマカダミアナッツを使った元祖チョコレートディップ・マカダミアナッツ・ショートブレッドクッキーをはじめ、工場に直結したギフトショップで全商品の試食が楽しめる。また限定のギフトパッケージは特別感のあるこだわりのデザインが幅広い層に喜ばれている。レモンブラウニーやラスクなどクッキー以外の商品も美味。

ADDRESS 585 Hinano St. Hilo 96720
TEL 808-935-8890
URL bigislandcandies.com
HOURS 8:30am-5pm
CLOSED -
CREDIT CARD A, M, V
WiFi NO

MAP 4 E-3

1_ 定番のチョコディップ・マカダミアナッツ・ショートブレッドは9個入りが$7.50〜。コーヒーやブラウニーなどの詰め合わせも充実。

2_ ガラス越しにクッキーをチョコにディップする様子を見れる。

HILO | KOHALA | KONA

HONOKA'A

GRAMMA'S KITCHEN

ポルトガルのグランマの味を再現

オーナーのクリス夫婦が2014年にオープンしたレストランはノスタルジックな建物の1階。クリスがポルトガル人だった曾祖母の味を再現したメニューが中心で、フレンドリーなスタッフがポルトガル語で「BOA TARDE!」（こんにちはの意味）と書かれたメニューを見せてくれる。ポルトガルスープからポークチョップ、ロコモコまでどれもボリューム満点でバラエティ豊か。その日のおすすめメニューで登場するフィッシュ＆チップス$15.95も絶品。

ADDRESS | 45-3438 Mamane St. Honokaa 96727
TEL | 808-775-9943
URL | -
HOURS | [Breakfast / Lunch] Tue-Sat 8am-3pm
　　　　　　　　　　　　　　Sun 7:30am-3pm
　　　　　[Dinner] Fri. Sat 5pm-8pm
CLOSED | Mon
CREDIT CARD | M, V
WiFi | NO

MAP 4 C-1

1_ オニオンフライが乗ったハンバーガースペシャルは$12.95。ハワイ産のビーフを使用。

2_ ケチャップとマヨネーズをディップしながら食べるフィッシュ＆チップスは子どもにも人気。

AREA GUIDE_04 | G-H

1_ カフェで販売している地元産フルーツを使ったマーマレードやグアバジャム。$5～10

2_ ロマンティックなムード漂うレストラン。魚やお肉なども可能な限り地元産の素材を使用。

HOLUALOA

HOLUAKOA GARDENS & CAFE

ホルアロアで過ごす至福の時間

コーヒー農園やギャラリーが点在する小さな町でひときわ目をひくキュートな外観。ドライブ疲れを癒すのにも最適なカフェ&レストランはオールドハワイを感じさせる作り。コーヒーやケーキが楽しめるカフェスペースは毎日通うローカルもいるほどの心地よさ。また隣接するレストランではリラックスした雰囲気の中、地元産の野菜を使った季節もののスローフードが味わえる。オーガニックワインとの相性ぴったりなディナーコースは予約がベター。

ADDRESS 76-5900 Old Government Rd. Holualoa 96725
TEL 808-732-8920
URL holuakoacafe.com
HOURS [Café] Mon-Fri 6:30am-6pm Sat 8am-6pm
Sun 8am-2:30pm
[Restaurant / Breakfast] Mon-Fri 10am-2:30pm
Sat. Sun 9am-2:30pm
[Restaurant / Dinner] Mon-Sat 5:30pm-8pm

CLOSED -
CREDIT CARD A,M,V
WiFi NO

MAP 5 C-1

HONOKA'A
HINA RAE'S CAFÉ
美容効果抜群のアサイボウル

ホノカアの町に佇む古い一軒家にある手作り感満載のお店ではアサイボウルとワッフルが人気。アボカドやチョコレートチップが入った6種類のオリジナルアサイボウルが$9〜$9.25。焼き立てのワッフルを使ったBLTが$8

ADDRESS 45-3610 Mamane St. Honoka'a 96727
TEL 808-756-0895
URL hinaraescafe.com
HOURS Mon-Fri 8am-4pm Sat 8am-3pm
CLOSED Sun
CREDIT CARD A,M,V
WiFi NO

MAP 4 C-1

KAWAIHAE
KOHALA BURGER & TACO
バーガーかタコか？まさに究極の選択

ハワイで牧草飼育されたビーフで作るハンバーガーと定番ミルクシェイクを求めて連日ローカルで混み合う。チーズやアボカド、マッシュルームたっぷりのバーガーは$8.99〜$12.99、地元で獲れた魚たっぷりのフィッシュタコは時価。

ADDRESS 61-3665 Akoni Pule Hwy.
        #13-D. Kawaihae 96743
TEL 808-880-1923
URL kohalaburgerandtaco.com
HOURS Mon. Fri. Sun 9am-4pm
      Tue-Thu. 9am-7:30pm Sat 11:00am-7:30pm
CLOSED -
CREDIT CARD A,M,V
WiFi NO

MAP 4 B-2

AREA GUIDE_04 | H-M

WAIMEA
MERRIMAN'S

**20年以上続く
ワイメアの老舗レストラン**

ハワイアンにイタリアンやフレンチの要素を融合させたオリジナルジャンル、ハワイ・リージョナル・キュイジーヌ。長年にわたってこのスタイルを守り続けるシェフ、ピーターが手掛ける本店としても知られる。食材はハワイ産にこだわり、素材の味を活かしたサラダや前菜のアヒポケ、季節ものの魚料理は見た目にも美しい。4名以上からファミリースタイルでオーダーできるお任せメニューも人気。ワインのラインナップにも定評のある予約必須な1軒。

ADDRESS 65-1227 Opelo Rd. Kamuela 96743
TEL 808-885-6822
URL merrimanshawaii.com
HOURS [Lunch] Mon-Fri 11:30am-1:30pm
[Brunch] Sat. Sun 10am-1pm
[Dinner] 5:30pm-9pm
CLOSED -
CREDIT CARD A,M,V
WiFi NO

MAP 4 B-2

1_ 上品な甘みがある新鮮なロブスターグリルは時価。
2_ 自家製リコッタチーズのカヴァテッリパスタ$16
3_ カフア牧場産のラムは焼き加減も抜群。$40〜45

HILO | KOHALA | KONA

CAPTAIN COOK

MANAGO HOTEL RESTAURANT

創業当時から受け継がれるポークチョップ

1917年創業のマナゴホテル。1929年に建てられた現在の建物がキャプテンクックエリアを代表するランドマークとして愛されている。ホテル内は昔の日本を思わせる作りで、1階には昭和の雰囲気漂う食堂が健在。そして、まもなく創業100年を迎えるこのホテルに多くのファンが足を運ぶ目的は看板メニューのポークチョップだ。内側から溢れる肉汁が食欲をそそり白米との相性も抜群。3種類のおかずとセットで$11.50というリーズナブルな価格も嬉しい。

ADDRESS 82-6151 Mamalahoa Hwy. Captain Cook 96704
TEL 808-323-2642
URL managohotel.com
HOURS [Breakfast] Tue-Sun 7am-9am
[Lunch] Tue-Sun 11am-2pm
[Dinner] Tue-Sun 5pm-7:30pm
CLOSED Mon
CREDIT CARD A, M, V
WiFi YES

MAP 5 E-1

1_ オールドハワイと日本を融合したような雰囲気が残るホテルのフロント。もちろん宿泊も可能。
2_ 絶妙な焼き加減でジューシーに仕上げた長年受け継がれる味。親子3代で通うファンもいるほど。

AREA GUIDE_04 | **M-P**

1_ 店オリジナルのワインはグラス$14、ボトル$60
2_ ソースがよく絡むハウスメイドパスタは絶品。
3_ スペシャルメニューの特製トマトバターソースがかかったグリルドアヒは絶妙な焼き加減。$32

WAIKOLOA
PUEO'S OSTERIA

プロの常連客も多い本格派イタリアン

ハワイ・フクロウの意味を持つ「Pueo」と名付けられたハワイ島随一のイタリアンレストラン。使用する食材は地元かイタリアで厳選したものがほとんどで、ワイメア産のズッキーニと新鮮なアヒを使ったメイン料理、イタリア産のチーズを使ったパスタなどこだわりが深い。シェフのジェームス自ら考案したその日のスペシャルメニューを求めて、仕事終わりに立ち寄るレストランやホテル関係者もいるほど。ワインのセレクションにも自信をもつ。

ADDRESS 68-1845 Waikoloa Rd. Waikoloa 96738
TEL 808-339-7566
URL pueososteria.com
HOURS [Dinner] 5pm-9pm
  [Bar] Sun-Thu 5pm-1am Fri. Sat 5pm-2am
CLOSED -
CREDIT CARD A, M, V
WiFi NO

HILO | KOHALA | KONA

1_ 壁のペイントや手書きのメニューなど心温まる雰囲気の店内。子ども連れのファミリーも多い。
2_ トマトたっぷりのスパイシーツナメルトサンドは$9。手作り感溢れるどこか懐かしい味わい。

HONOKA'A

SIMPLY NATURAL

アットホームな店内で空腹を満たす

映画『ホノカアボーイ』の舞台にもなったこの町で親子が切り盛りする名物カフェ。バターとシナモンたっぷりのタロパンケーキは$4とリーズナブルな価格で子どもにも大人気。またリピーターが多いスパイシーツナメルトのサンドウィッチはトロトロのチーズとチリソースの絶妙なハーモニーがクセになる。またサラダかチップスの付け合わせを選ぶことも可能。マウイ島で作られているローズラニのアイスクリームはシングルが$3、ダブルが$4.50。

ADDRESS 45-3625 Mamane St. Honokaa 96727
TEL 808-775-0119
URL -
HOURS Mon-Sat 8:30am-4pm　Sun 11am-3:30pm
CLOSED -
CREDIT CARD M, V
WiFi NO

MAP 4 C-1

KEALAKEKUA
STANDARD BAKERY, INC
70年以上の歴史を持つ老舗ベーカリー

ハワイ島のスーパーでも扱われているあんパンとココナッツパンは思わず手に取りたくなるパッケージが目印。工場に併設したこのお店ではパンはもちろん、ほどよい甘さの小豆饅頭やおかずたっぷりの日本人には嬉しい弁当も並ぶ。

ADDRESS 79-7394 Mamalahoa Hwy. Kealakekua 96750
TEL 808-322-3688
URL standardbakeryhawaii.com
HOURS Mon-Fri 4:30am-3pm
CLOSED Sat, Sun
CREDIT CARD M, V
WiFi NO

MAP 5 D-1

HILO
SUSHI EBISUYA
ヒロで食べれる
鮮度抜群のお寿司

ハワイで獲れたマグロを使用している日本人も納得のお寿司屋さん。ランチでは寿司コンボメニューがあり、5種類以上ある中から2ロール選べて$7.99。また2人前のお得なおまかせ握りはサーモンやはまちなどが入って$22.99。

ADDRESS 179 Kilauea Ave. Hilo 96720
TEL 808-961-6840
URL -
HOURS [Lunch] 11:30am-2pm [Dinner] 5pm-8:30pm
CLOSED -
CREDIT CARD A, M, V
WiFi NO

MAP 4 E-3

HILO | KOHALA | KONA

HONOKA'A
TEX DRIVE IN

昔ながらの趣きを残す
ドライブイン

ハワイ島でドライブが楽しくなる寄り道スポットといえばテックスドライブイン。小腹が空いたときにぴったりのハッシュブラウンは$2.75とコストパフォーマンスもいい。おやつとして食べたい揚げ立てのマラサダは$1.10から。

ADDRESS 45-690 Pakalana. #19. Honokaa 96727
TEL 808-775-0598
URL texdriveinhawaii.com
HOURS 6am-8pm
CLOSED -
CREDIT CARD -
WiFi NO

MAP 4 C-2

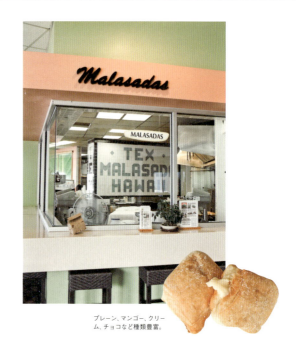

プレーン、マンゴー、クリーム、チョコなど種類豊富。

WAIMEA
THE FISH & THE HOG

ボリューム満点なアメリカの味

地元の人たちで賑わうバーを兼ねたバーベキュー専門店。ポーク、ブリスケ、リブとソーセージがセットになったBBQサンプラーは$25で食べ応え十分。またランチにおすすめのポークサンドウィッチは$13、カクテルはすべて$9

MAP 4 C-2

ADDRESS 64-957 Mamalahoa Hwy. Waimea 96743
TEL 808-885-6268
URL -
HOURS Mon-Sat 11am-8pm　Sun 8am-8pm
CLOSED -
CREDIT CARD A,M,V
WiFi NO

KAILUA-KONA

UMEKE'S FISHMARKET BAR & GRILL

ポケをつまみにお酒を楽しむ

ポケの持ち帰りをメインとする本店とは別に2015年にレストランバーをオープン。定番のポケボウルや店の名前が付けられたサラダ、ビールのつまみにもぴったりなポケのアレンジメニューまで大人も子供も楽しめる。夕食時は要予約。

ADDRESS 74-5563 Kaiwi St. Kailua-Kona 96740
TEL 808-238-0571
URL umekespoke808.com
HOURS Mon-Sat 11am-9pm
CLOSED Sun
CREDIT CARD A, M, V
WiFi NO

MAP 5 B-2

WAIMEA

UNDER THE BODHI TREE

身体が喜ぶヘルシーメニュー

ハワイ島の食材を6割以上使っているベジタリアンの間でも評判のカフェ。豆腐か卵を選べるスクランブルやタイ料理をアレンジしたオリジナルメニューなどバラエティ豊か。旅先での暴飲暴食が気になる人はコンブチャ$6がおすすめ。

ADDRESS 68-1330 Mauna Lani Dr. #116. Waimea 96743
TEL 808-895-2053
URL underthebodhi.net
HOURS 7am-7pm
CLOSED -
CREDIT CARD A,M,V
WiFi YES

MAP 4 B-2

HILO | KOHALA | KONA

SOUVENIRS UNDER $20

$20以下で買える、このエリアのお土産リスト

HOLUALOA
KEAUHOU STORE
マグカップ

$18

オールドハワイを彷彿とさせるフラガールのプリントは伝説のホノルル酒ブリュワリーによって1938年にデザインされたもの。ぽってりとした分厚いマグカップを使うたびに、ハワイ島の人里離れた長閑なこの店を思い出すはず。

KEAUHOU STORE　P.100参照

MAP **5** D-1

HILO
RED AND WHITE KITCHEN COMPANY
エプロン

$17

レトロな雰囲気のプリントが可愛いハワイをモチーフにしたハーフサイズエプロン。1950年代当時のハワイを思わせるイラストで100%コットン製。実用性にも優れている上に、鍋つかみやキッチンタオルなども同じ生地で揃っている。

BASICALLY BOOKS　P.96参照

MAP **4** E-3

HONOKA'A
TEX DRIVE IN
マラサダミックス

各$10.36

ハワイ島でNo.1といわれるマラサダを自宅でも味わいたいという人に朗報。手作り感満載の布袋に入ったマラサダミックスはレシピ付き。卵、バター、酵母などの材料を揃えてふわふわの美味しいマラサダ作りにトライしよう。

TEX DRIVE IN　P.114参照

MAP **4** C-2

KAMUELA
UNDER THE BODHI TREE
ボトル

$5

オーナーのステファンがこだわる食材やメニュー、そしてインテリア。店内に大きく描かれた木のイラストをプリントしたシンプルなボトルはエコとしてはもちろん、自分自身への癒し効果にも。液漏れもせず持ち運びにも便利。

UNDER THE BODHI TREE　P.115参照

MAP **4** B-2

117

HILO | KOHALA | KONA

CHEAP EATS UNDER $10
$10以下で味わう、エリア別の味

HONOMU

HILO SHARKS COFFEE
フラシェイク

$6.50

ハワイでも有数の高さを誇るアカカ滝の近くにあるカフェ。100%ハワイ産のチョコレートとバニラにこだわったシェイクが充実し、特に人気のフラシェイクはココナッツアイスクリームにバナナとマンゴーがミックスされている。

HILO SHARKS COFFEE
- ADDRESS: 28-1672 Old Mamalahoa Hwy. Honomu 96728
- TEL: 808-963-6706
- URL: hilosharkscoffee.com
- HOURS: 8am-6pm
- CLOSED: -
- CREDIT CARD: M, V
- WiFi: YES

MAP 4 E-3

HONOMU

MR.ED'S BAKERY
シナモンロール

S $2.75
L $4.00

157種類ものお手製ジャムが壁一面に並ぶローカルに愛されているベーカリー。リリコイバターのジャムと、奥のベーカリーで毎日焼き上げられるパン類を求めて足を運ぶ観光客の姿も。シナモンロールは大小あり甘さたっぷりで懐かしい味わい。

MR.ED'S BAKERY
- ADDRESS: 28-1672 Old Mamalahoa Hwy. Honomu 96728
- TEL: 808-963-5000
- URL: -
- HOURS: Mon-Sat 6am-6pm Sun 9:30am-4pm
- CLOSED: -
- CREDIT CARD: A, M, V
- WiFi: YES

MAP 4 E-3

KAWAIHAE

ORIGINAL BIG ISLAND SHAVE ICE
ハロハロ

$6.25

ホームメイドの天然フレーバーにこだわったユニークなかき氷専門店。12種類のスペシャルメニューはどれもボリューム満点で見た目にも楽しい。人気のハロハロには紫のウベアイスクリームと小豆、ボバ、ホイップクリームが山盛り。

ORIGINAL BIG ISLAND SHAVE ICE
- ADDRESS: 61-3616 Kawaihae Rd. Kawaihae 96743
- TEL: 808-895-6069
- URL: obisic.com
- HOURS: Tue-Sun 11:30am-5:30pm
- CLOSED: Mon
- CREDIT CARD: NO
- WiFi: NO

MAP 4 B-2

KAINALIU

ALOHA THEATER

1932年建設の映画館は町のシンボル

かつてコナで最も栄えたと言われるカイナリウの町に今も利用されている映画館。一時はカフェの営業で盛り上がりを見せたが、現在は不定期で上映されるシアターや劇場として親しまれている。1度覗いてみるのも面白い。

ADDRESS 79-7384 mamalahoa Hwy. kainaliu 96750
TEL 808-322-9924
URL apachawaii.org
HOURS -
CLOSED -
CREDIT CARD -
PARKING NO

MAP 5 D-1

HILO

MAUNA KEA OBSERVATION

ハワイ島の人気ツアーといえば星空観測

MAP 4 C-3

年間を通して晴天率が高い太平洋最高峰のマウナケアは標高4205mで、その幻想的な星空を目当てに訪れる観光客も多い。子ども連れにも安心の貸切ツアーに参加すれば、望遠鏡を使った無理のない星空観測を楽しむことができる。

ENTERTAINMENT SPOT | **EXPERIENCE** | LOOK

HONOKA'A
WAIPIO VALLEY

王族ゆかりの地で乗馬を楽しむ

ハワイ諸島の中でも指折りの神聖な土地とされ、王族の谷とも呼ばれるワイピオ渓谷には多くの伝説が残る。展望台から見るその景色はまさに断崖絶壁で、渓谷内へ降りると緑豊かな静寂の世界が広がる。自然のままに残された渓谷内を馬に乗って楽しむツアーはまさに普段体験することのできないアドベンチャーだ。清らかな水が流れるところでしか育たないタロイモ畑や天然の馬との遭遇はハワイ王朝へタイムスリップしたような感覚が味わえる。

ADDRESS HOLOHOLO ISLAND TOURS
TEL 808-747-5793
(8am-6pm。日本語OK)
URL holoholoisland.com

MAP 4 C-1

[MEMO]
ハワイ島唯一の日本語ガイドと一緒に乗馬を楽しめるワイピオ渓谷ツアーやマウナケア山麓での星空観測などハワイ島でしか味わえない貴重な体験をコーディネイトしている会社が、「ほろほろあいらんどツアーズ」。プロフェッショナルガイドとの安心ツアーで、未体験の感動的な瞬間を。

MADE IN
HAWAII

ハワイ生まれの名品カタログ

KIMURA LAUHALA
キムララウハラ

心を込めて丁寧に編み込まれたラウハラ製品

ハワイ工芸のひとつラウハラ製品を扱うキムララウハラショップがあるのはホルアロアという小さな町。1914年創業で親子3代にわたって継承されハワイでも有数の品質を誇り、多くの人たちに愛されている。ラウハラはタコノキの葉のことでパンダナスとも呼ばれ、この葉を洗って乾かす作業を繰り返し、なめした後に1本1本カットするという昔ながらの製法で作られている。カゴや帽子、アクセサリーが並ぶ店頭はさながらギャラリーのよう。(共に参考商品)

KIMURA LAUHALA
取り扱いSHOP :KIMURA LAUHALA SHOP (P.99)

ISLAND SLIPPER
アイランドスリッパ

創業当時からの
理念に基づくモノづくり

1946年創業という歴史あるサンダルメーカーで、デザインから製造まですべてハワイで行うことにこだわり続ける正真正銘ハワイメイドのサンダル。職人たちがすべて手作業で作り上げるサンダルは履き心地がよく、新しいデザインにも積極的にチャレンジしている。1度履くとその心地よさに惚れ込み、他のサンダルが履けなくなるほどだ。左$74.95、右$94.45

ISLAND SLIPPER
URL islandslipper.com
取り扱いSHOP：ISLAND SLIPPER (P.17)

FOUND WOOD
ファウンドウッド

ノースショアを拠点にする
家具アーティスト

ジェン・ホムシーが作り上げるウッド作品は100%自然廃材を使用し、それを蘇らせて長く使い続けることを前提にしている。木のカービングを活かして精巧にカッティングが施されているため木が持つ表情の違いを楽しむことができる。売れ筋商品はカッティングボードでふたつとして同じものがないため少々重いが持って帰る価値は大きい。L $88、S $52

FOUND WOOD
URL foundwoodworking.com
取り扱いSHOP：OWENS & CO (P.18)、
NUMBER 808 (P.75)

WIMINI
ウィミニ

ハワイでのハンドプリントは
ヴィンテージ感がたまらない

コットン100%の着心地のいいTシャツはメイドインUSAのボディを使用し、すべてハワイでハンドプリントされている。ウォーターベースのインクを使用し、オリジナルキャラクターのMr.メローとMr.ウクレレは見ているだけでも癒されると評判。ハワイを連想させる「ALOHA」ロゴやサーフモチーフはお土産にしても喜ばれる。
Tシャツ$38、ロンパース$28

WIMINI
URL wiminihawaii.com
取り扱いSHOP：WIMINI (P.61)

JANA LAM
ジャナラム

ハワイの自然溢れるプリントを
インテリア雑貨で取り入れる

ハワイカイ在住のハンドメイドデザイナーのジャナが手掛ける作品はオーシャンビューの自宅兼アトリエで製作されていてプリントのデザイン、シルクスクリーンプリントなどすべて女性スタッフの手によるもの。カラフルなものからシックなものまで揃えているため幅広い女性から人気を集めている。クラッチバッグやキーチェーンなども展開。$82

JANA LAM
URL janalam.com
取り扱いSHOP：OWENS &CO (P.18)

SIG ZANE DESIGNS
シグ・ゼーン・デザインズ

ハワイのスローライフを体現
できるリゾートウェアブランド

サーファー、ダンサー、フィッシャー、アーティストなど多くの顔を持つシグ・ゼーンが立ち上げたウェアブランドは創業30年以上の歴史を持つ。ハワイ特有の植物をモチーフにしていて特にハワイ男性の正装に欠かせないプルオーバーのアロハシャツはクラシックな中にも鮮やかな色使いが特徴といえる。$110

SIG ZANE DESIGNS
URL sigzanedesigns.com
取り扱いSHOP：SIG ZANE DESIGNS（P.102）

KH STUDIO
ケーエイチスタジオ

デザインセンスと遊び心が
ギフトにもピッタリ

インディゴやペパーミントなどの天然成分にこだわったオーガニックボディコレクションは素材のよさに自信を持つ。フレッシュで心地よい気分が味わえる使用感と無機質なデザインが男性にも評判。oneがボディパウダー$19、twoがリップバーム$7.50、threeがボディソープ$3.50、fourがナチュラルソープシャンプー$3.25

KH STUDIO
取り扱いSHOP：MORI BY ART+FLEA（P.20）、
FISHCAKE（P.14）

HAWAIIAN BLUE
ハワイアンブルー

ハワイの太陽と自然が織りなす
美しいインディゴ製品

オーガニック100%のハワイアンインディゴはハワイ大学マノア校農学部によって育てられているインディゴペーストを使用。環境に配慮した高品質な製品開発を目指し、現在は風呂敷やTシャツなどを中心に生産している。染め具合により1点1点異なる表情を持つのもインディゴならではの魅力。L$30、S$14

HAWAIIAN BLUE
URL hwnbluejp.wordpress.com
取り扱いSHOP：FISHCAKE（P.14）

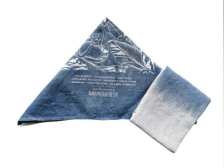

HEATHER BROWN
ヘザーブラウン

力強いタッチで描かれた
美しいハワイの景色

ノースショア在住のアーティスト、ヘザー・ブラウンが描く絵は発表された2006年当時ハワイのサーフシーンに衝撃を与えた。それから彼女の絵は瞬く間に世界的に知られるようになり、モダンサーフアートのゴッドマザーと呼ばれるまでに。ジクレー版画やアートプリントのほかにグッズも展開し、大胆に切り取った彼女の作品がハワイへと誘ってくれる。各$43

HEATHER BROWN
URL heatherbrownart.com
取り扱いSHOP：GREENROOM HAWAII (P.74)、
PERSIMMON (P.101) など

MY MONOA
マイマノア

天然成分100％で作られた使いきり
サイズのハンドメイドソープ

オリーブオイルが配合された天然ソープは海やプールへ出掛けるときにもぴったりの使い切りサイズ。オーナー夫婦がマノアで1点1点手作りし、チャコールやティーツリー、グリーンティなど原材料にもこだわっている。皮膚にもやさしくペットのシャンプーとしても使われるほど安心の成分。113グラム入りの瓶詰めタイプは経済的にも嬉しい。$16

MY MANOA
URL mymanoa.com
取り扱いSHOP：GREEN MOUNTAIN (P.16)、
ROBERTA OAKS (P.21) など

ADOBOLOCO®
アドボロコ

新鮮なオーガニックチリ
ペッパーを使った5種類のソース

マウイ島のキヘイで栽培されているチリを使用して作るホットソースは5種類あり、写真の左から右にかけて辛くなる。ハラペーニョやハバネロなどネーミングからしてかなり辛そうだが、タコスやホットドッグとの相性は抜群。パッケージデザインも洒落ている。各$10.50

ADOBOLOCO®
URL adoboloco.com
取り扱いSHOP：KAILUA GENERAL STORE（P.58）

MANUKAI HANDBOARDS
マヌカイハンドボード

カラフルなハンドボードで
マリンスポーツを楽しむ

超小型サーフボードとして知られるハンドボードはわずかな浮力を利用して波に乗ることができる。ハワイ島のハマクアコーストを拠点とするこの会社はサーフィンを熟知したスタッフがアート作品のようなハンドボード作りを行う。美しい形状と色使いがハワイの海によく映え、オーダーメイドも受け付けている。各$140

MANUKAI HANDBOARDS
URL manukaihandboards.com
取り扱いSHOP：ROBERTA OAKS（P.21）

RARE HAWAIIAN
HONEY COMPANY
レアハワイアンハニーカンパニー

ハワイ島のKIAWEから採取される
幻の白いハチミツ

全世界でも最高ランクのハチミツとして有名なホワイトハニーは30年以上の研究を重ねた努力の結晶といえる。ハワイ島の海抜ゼロ地域に生息するキアヴェという木の花の蜜だけを採取しているオーガニック製品だ。プレーン味のオーガニックホワイトハニー以外に、リリコイフレーバーやジンジャーが揃う。$18~20

RARE HAWAIIAN HONEY COMPANY
URL rarehawaiianhoney.com
取り扱いSHOP：ABC MART、WHOLE FOODSなど

STAY IN HAWAII
ハワイに泊まる

OAHU

HALEKULANI

創業から約100年受け継がれる
ハレクラニ エレガンス

名門ホテルとして名高いハレクラニはハワイ語で「天国にふさわしい館」を意味する。その名の通り、最高のホスピタリティとサービスは親子三代にわたって通うファンもいるほど人々の心を魅了し続けている。部屋の総数は453室、山側と海側、ダイヤモンドヘッド側に分けられ、特にワイキキビーチの目の前という贅沢な立地から海の上に宿泊しているかのような気分が味わえる。夕暮れ時に催されるフラを見ながら優雅なひと時を過ごしたい。

ADDRESS 2199 Kalia Rd. Honolulu 96815
TEL 808-923-2311
URL halekulani.com/jp
CREDIT CARD A, M, V
PRICE $585〜
WiFi YES

MAP 1 D-4

127

左からタオル、サシェ共に$15、
コーヒー豆$17、ハンドクリーム
$19、マカダミアナッツ$10

1_ 旅の疲れを癒してくれるハレクラニ流のおもて
　　なしはウェルカムフルーツとチョコレート。
2_ オーシャンサイドの「オーキッズ」で味わえる
　　定番のアメリカンブレックファースト$36

OAHU

THE KAHALA HOTEL & RESORT

極上ステイにふさわしい贅を
尽くしたカハラシックを味わう

ワイキキから少し足をのばした閑静な住宅街の先に佇む格式高いザ・カハラ・ホテル＆リゾート。到着時にはレイとおしぼりのサービスがあり、2万8千個のガラスでできたシャンデリアと共に出迎えてくれる。都会の喧騒を離れてバカンスを過ごしたい人から人気を集め、合計338室ある客室にはビーチフロントやドルフィンラナイなど幅広いタイプの部屋が揃う。さらにラグーンで泳ぐイルカとの交流やビーチでのアクティビティも充実している。

ADDRESS 5000 Kahala Ave. Honolulu 96816
TEL 808-739-8888
URL kahalaresort.com
CREDIT CARD A, M, V
PRICE $395〜
WiFi YES

MAP 1 G-4

STAY IN HAWAII

SPECIAL GIFT

チョコレートマカダミアナッツ
大$50、小$25、カハラトート$45、
Tasha&Co.のバスグッズ$25〜

1_ 独自のスパ哲学に基づいた極上の時間を体感。
2_ ハワイでしか購入できないコスメを扱うお店。
3_ オープンエアのレストラン「プルメリアビーチハウス」での食事を楽しみにしている宿泊客も多い。

[HAWAII ISLAND]

MAUNA LANI BAY HOTEL & BUNGALOWS

世界有数のパワースポットに建つ
アトリウムが気持ちいいホテル

マウナラニはハワイ語で「天国に手が届く丘」という意味を持つ。このビーチフロントはハワイ島の中でも有数のパワースポットで、かつてはハワイ王族の保養地でもあった。吹き抜けのホテル棟では背の高いヤシの木が生い茂り、レイとフレッシュジュースのウェルカムサービスで出迎えてくれる。シグ・ゼーンによるハワイの自然をモチーフにしたデザインと木の温もりを感じる客室で、波の音に耳を傾けながらゆったりとした時間を過ごしたい。

ADDRESS 68-1400 Mauna Lani Dr. Kohala Coast 96743
TEL 808-885-6622
URL maunalani.com
CREDIT CARD A, M, V
PRICE $279〜
WiFi YES

MAP 4 B-2

131

STAY IN HAWAII

SPECIAL GIFT

ヘア＆ボディ用品は 各$18.50、アロエジェル$23、巾着$24、ポーチ$36、マグカップ$20

1_ Deluxe Ocean View Suite Room
341室ある客室のほぼすべてから海を眺めることができ、全室ダブルシンクにこだわった。

2_ 夕陽に染まる海と共にローカル食材を使ったハワイリージョナル料理が味わえるCanoe House。

3_ プライベートプールとジャグジーのあるゴージャスな邸宅型スイートのBungalow。

OAHU

WAIKIKI SHORE

暮らすように過ごせるコンドは 広々した部屋と便利な立地が決め手

ワイキキビーチに面した高層のコンドミニアムタワーは旅慣れた人や数家族での旅を考えている人におすすめ。コンロと冷蔵庫付きのキッチンと洗濯機、乾燥機が部屋ごとに完備されているため、特に子ども連れファミリーには好評だ。ビーチはもちろん、芝生の上でのピクニックや毎週金曜日に開催される花火の鑑賞にも最高のロケーション。ワイキキでのショッピングは徒歩圏内というのも高ポイント。(TAX、クリーニングフィー、手数料が別途かかります)

ADDRESS 2161 Kailua Rd. Honolulu 96815
TEL 808-922-3871
URL hawaiirentals.jp
CREDIT CARD A, M, V
PRICE $229〜315
WiFi YES

MAP 1 D-4

HAWAII ISLAND
THE PALMS CLIFF HOUSE INN

ホテルではなくB&Bで
自分流の旅をアレンジ

ハワイ島の東海岸側で、ヒロ国際空港より約24km北側に建つベッド＆ブレックファスト。のんびり過ごしたいカップルや女子旅に人気が高く、3.5エーカーを誇る広い敷地にはハワイ島ならではの深い自然とその先に広がる青い海が出迎えてくれる。そんなコントラストの中、白壁のプランテーション、ビクトリア調の建物が佇み、タイムスリップしたような気分が味わえる。客室ごとに異なるインテリアはどれも温かみがあり居心地の良さはお墨付き。

ADDRESS 28-3514 Mamamlahoa HWY. Honomu 96728
TEL 808-963-6076
URL palmscliffhouse.com
CREDIT CARD A, M, V
PRICE $199〜
WiFi YES

MAP 4 E-3

AIRBNB
Airbnbで泊まる

ワイキキから離れたカイルアビーチやサーファーの聖地・ノースショア、長閑なハワイ島のホノカア周辺に宿泊を考えている人におすすめなのがAirbnb。ホテルが少ないエリアでのAirbnb滞在は移動の無駄を減らし、プライバシーの守られた贅沢な時間が過ごせるはず。支払いはすべてクレジットカードで行うためホストとの間に現金での決済も必要なく安心だ。

Airbnb
URL airbnb.jp

What is
Airbnb
[エアビーアンドビー]

現地の人のようなユニークな体験のできるAirbnbは海外を飛び回る人たちの間ではお馴染みのマーケットプレイス。「暮らすように旅をしよう」をモットーに、一軒家からシェアルームまで自由自在にアレンジできることでも評判だ。ハワイでの利用者数も増加し、よりローカルに近いユニークな旅が楽しめる。

1_ ホノカアのメインストリート沿いの一軒家。ローカルとのコミュニケーションを楽しんで。

2_ 緑たっぷりの裏庭に面した寝室は都会の喧騒とは無縁。リトリート気分で滞在する人も。

3_ カイルアの住宅街に佇む一軒家は海まで5分という好立地。清潔感溢れる室内に大満足。

まずはインターネットサイトに登録しよう

airbnb.jpにアクセスし、画面右上の「アカウント作成」をクリック。Facebookアカウントとの接続をオススメするが、Emailアドレスからの登録も可能。メールアドレスに確認メールが届いたら「メールアドレスを確認」をクリックして、登録を完了させましょう。

※プロフィールは、泊める側も泊まる側も安心して利用するために重要な情報となるので、電話番号の登録と認証、自己紹介を一言、プロフィール写真の追加をオススメします(電話番号などは公開されません)。

泊まりたい場所を選ぶのも楽しみのひとつ

行き先を入力した後、「検索」ボタンをクリック。日程、人数、お部屋のタイプ、希望の料金範囲を指定。気になる物件の写真、マップ、カレンダー、お部屋の紹介、設備、ハウスルールなどを確認。質問があれば、「お問い合わせ」をクリックしてホストに確認できます。最初は、ゲストによる評価が4.5★以上、レビューが10件以上、返答率が100%の物件がオススメ。

予約手続きを完了させましょう

泊まりたい場所が決まったら、「予約」ボタンをクリック。利用規約などを確認の上、チェックボックスを選択して予約へ。ホストが予約リクエストを承認してメールが届くまで予約は完了しません。また、予約時にクレジットカード情報の入力が必要ですが、予約が成立するまで決済はされないのでご安心を。じっくりと確認をしながらクリックすることを推奨します。

TRANSPORTATION
ハワイの交通機関

THE BUS ザ・バス

市内にいると頻繁に目にする黄色やレインボーカラーの公共バスがTHE BUS〈ザ・バス〉だ。オアフ島内を四方八方網羅していて路線の数は100種類以上にも及ぶ。ローカルにとっては日常の足として利用され、また観光客にとっても移動手段として広く親しまれている。ショッピングや観光に便利な定番のルートマップを把握しておくと何かと便利。4200もある停留所だが主に利用する場所を「thebus.org」で事前に調べておけば手軽に活用できるはず。

〈ザ・バスの利用法〉

運転手側のドアから乗車するのが通常。料金は一律で大人片道$2.50で、乗車前に忘れず小銭の準備を。ABCマートやセブンイレブンなどでは連続4日間乗り放題で利用できる$35パスも販売している。また乗り換えが必要な場合は「トランスファーチケット」をもらうこともできるので必要な場合は運転手に伝えよう。

〈基本的な路線番号〉
ワイキキとアラモアナセンターの間を移動するのに便利な循環バスが8番。また19番と20番もワイキキ、アラモアナ間の移動だけには便利だが乗り過ごしのないように。クヒオ通りからダウンタウン方面のカメハメハ大王像、イオラニ宮殿などをまわるのに利用しやすいのは2番。ちなみに、アラモアナセンターはホノルル最大のバスターミナルになっているためマノアやノースショアなど少し遠出したいときはここから出発すると覚えておこう。

TROLLY
トロリー

心地よい風を感じながら走るトロリーバスはまさにワイキキの名物。日本語の車内アナウンスで停留所を教えてくれるため英語に自信のない人でも安心。各ツアー会社から出ているトロリーが中心だが、ワイキキトロリーは運賃を払えば誰でも利用でき乗り降りも自由。

▲ STワールドとJTBが共同運行しているのがアロハトロリー。アラモアナとワイキキ間を約20分毎に運行している。

▲ H.I.S.専用のレアレアトロリーは最多53ヶ所に停留し車内はWi-Fi完備。6つのルートでワイキキを循環する。

RENT A CAR レンタカー

ハワイでドライブするなら
初心者でも安心のハーツレンタカー

オアフ島、ハワイ島はもちろん、マウイ島やカウアイ島にも営業所をもつハーツレンタカー。空港近くの営業所では、乗車人数や目的に応じてボディサイズを選ぶことができ、憧れの高級車やハワイでのドライブを一段と楽しくしてくれるスポーツカーなどを取り揃える。また、初めて海外でドライブをする人にも安心の日本語音声対応のカーナビゲーションシステム「NeverLost®」の貸し出し（別料金）もあり、ゆとりのある快適なドライブが楽しめる。

URL hertz.com

1_ 営業所のカウンターではスタッフが観光名所までのドライブルートの案内もしてくれる。

2_ 空港から営業所まではこのバスで移動。「ALOHA」と声を掛けてくれる気さくなドライバー。

3_ 車種の多さにも定評があるハーツレンタカー。ハワイでは日本の免許証があればレンタルできる。

TRANSPORTATION

1_ 情報量が多い交差点でも落ち着いて。
2_ このマークがある場所は終日駐車禁止。

〈ドライブ時の注意点〉

普段、車に乗り慣れている人でも外国での運転には戸惑うもの。そこで慣れるまでは慎重にいきたい。とはいえ、ハワイは他の都市より比較的運転しやすいので、以下の点を頭に入れておけば安心だ。あと車上荒らしをされないようショッピングした後の紙袋などはトランクに入れることを徹底したい。

・左ハンドルと右側通行⇨うっかり左車線に入ってしまうと逆走していることになるので要注意。
・シートベルトの着用義務⇨4歳未満または体重が20kg以下の場合は後部座席にチャイルドシートが義務付けられている。
・赤信号でも右折可能⇨一時停止をして左右の確認が必要。但し、「NO TURN ON RED」の標識があるときは赤信号時右折禁止。
・スクールバスが停車して子どもたちが乗降している際は停車する。⇨バスから「STOP」のマークが出るので見逃さないように。

UBER ウーバー

日本にも進出したウーバーはスマートフォンのアプリを使って配車できるサービス。日本に比べその浸透率は圧倒的に高く、観光にも便利とハワイでも注目を集めている。街中では日々の生活シーンの必要に合わせて多くの人々が利用している姿を見る。

〈ウーバーの利用法〉

アプリをダウンロードすれば、その使用手順に従うだけのシンプルなサービス。但し、決済などもすべてクレジットカードのため個人情報の登録が必要となる。

SHOP AND RESTAURANT LIST

A

AGNES PORTUGUESE BAKE SHOP
46 Hoolai St. Kailua 96734
808-262-5367   P.71

--

ALICIA'S MARKET
267 Mokauea St. Honolulu 96819
808-841-1921   P.26

--

ALI'I ANTIQUES OF KAILUA I
21 Maluniu Ave. #B. Kailua 96734
808-261-1705   P.55

--

ALOHA BEACH CLUB
131 Hekili St. #108. Kailua 96734
619-269-3028   P.56

--

ALOHA GENERAL STORE
66-250 Kamehameha Hwy. #C130. Haleiwa 96712
808-637-2288   P.73

--

ALOHA SUPERETTE
438 Uluniu St. Kailua 96734
808-261-1011   P.57

--

ALOHA THEATER
79-7384 mamalahoa Hwy. kainaliu 96750
808-322-9924   P.118

--

ANUENUE TEA
25 Maluniu Ave. #102. Kailua 96734
808-498-7888   P.63

--

APB SKATESHOP
185 N King St. Honolulu 96817
808-585-8538   P.12

--

ARANCINO AT THE KAHALA
5000 Kahala Ave. Honolulu 96816
808-380-4400   P.25

--

ASAHI GRILL
515 Ward Ave. #A. Honolulu 96814
808-593-2800   P.26

B

BACI BISTRO
30 Aulike St. Kailua 96734
808-262-7555   P.62

--

BAC NAM
1117 S King St. Honolulu 96814
808-597-8201   P.27

--

BANGKOK CHEF
1627 Nuuanu Ave. Honolulu 96817
808-585-8839   P.28

BANZAI SKATEPARK
59-460 Kamehameha Hwy. Haleiwa 96712
P.87

--

BAREFOOT BEACH CAFÉ
2699 Kalakaua Ave. Honolulu 96815
808-924-2233   P.28

--

BARRIO VINTAGE
1161 Nuuanu Ave. Honolulu 96817
808-674-7156   P.12

--

BASICALLY BOOKS
160 Kamehameha Ave. Hilo 96720
808-961-0144   P.96

--

BASIK CAFÉ
75-5831 Kahakai Rd. Kailua-Kona 96740
808-238-0184   P.104

--

BIG ISLAND BEES
82-5780 Napoopoo Rd. #100. Captain Cook 96704
808-328-1315   P.97

--

BIG ISLAND CANDIES
585 Hinano St. Hilo 96720
808-935-8890   P.105

--

BOGART'S CAFÉ
3045 Monsarrat Ave. #3. Honolulu 96815
808-739-0999   P.29

--

BRUE BAR
119 Merchant St. Honolulu 96813
808-441-4470   P.29

C

CAFÉ HALEIWA
66-460 Kamehameha Hwy. Haleiwa 96712
808-637-5516   P.77

--

CELESTIAL NATURAL FOODS
66-443 Kam Hwy. Haleiwa 96712
808-637-6729   P.77

--

CHADLOU'S COFFEE & TEA
45 Kihapai St. Kailua 96734
808-263-7930   P.63

--

COFFEE GALLERY
66-250 Kamehameha Hwy. Haleiwa 96712
808-637-5571   P.78

--

COFFEE TALK
3601 Waialae Ave. Honolulu 96816
808-737-7444   P.30

CRUSH WAIKIKI
353 Royal Hawaiian Ave. 2F. Honolulu 96825
808-260-8382   P.13

--

CREPES NO KA 'OI
143 Hekili St. #130. Kailua 96734
808-263-4088   P.64

D

DAYLIGHT MIND COFFEE COMPANY
75-5770 Ali'i Dr. Kailua-Kona 96740
808-339-7824   P.104

--

DIAMOND HEAD BEACH HOUSE
3128 B Monsarrat Ave. Honolulu 96815
808-737-8667   P.13

--

DIAMOND HEAD COVE HEALTH BAR
3045 Monsarrat Ave. #5. Honolulu 96815
808-732-8744   P.30

--

DIAMOND HEAD MARKET & GRILL
3158 Monsarrat Ave. Honolulu 96815
808-732-0077   P.52

--

DON QUIJOTE
801 Kaheka St. Honolulu 96814
808-973-4800   P.48

--

DR. BODY
2222 Kalakaua Ave. #1218. Honolulu 96815
808-922-5115   P.48

E

EASTERN PARADISE
1403 S King St. Honolulu 96814
808-941-5858   P.31

F

FISHCAKE
307c Kamani St. Honolulu 96813
808-593-1231   P.14

--

FISHER HAWAII
1072 Ft Street Mall. Honolulu 96813
808-524-0700   P.15

G

GINGER 13
22 S Pauahi St. Honolulu 96813
808-531-5311   P.15

--

GIOVANNI'S SHRIMP TRUCK
66-472 Kamehameha Hwy. Haleiwa 96712
808-293-1839   P.79

141

GLASS FROM THE PAST
28-1672-A Old Mamalahoa Hwy. Honomu 96728
808-963-6449   P.97
--
GRAMMA'S KITCHEN
45-3438 Mamane St. Honokaa 96727
808-775-9943   P.106
--
GREEN MOUNTAIN
2819 Kaonawai Pl. Honolulu 96822
808-200-5795   P.16
--
GREENROOM HAWAII
66-111 Kamehameha Hwy. #201. Haleiwa 96712
808-924-4404   P.74

HALEIWA BOWLS
66-082 Kamehameha Hwy. Haleiwa 96712
808-551-9507   P.89
--
HALEKULANI
2199 Kalia Rd. Honolulu 96815
808-923-2311   P.126
--
HEAVENLY ISLAND LIFESTYLE
342 Seaside Ave, Honolulu 96815
808-923-1100   P.31
--
HILO SHARKS COFFEE
28-1672 Old Mamalahoa Hwy. Honomu 96728
808-963-6706   P.117
--
HINA RAE'S CAFÉ
45-3610 Mamane St. Honoka'a 96727
808-756-0895   P.108
--
H. KIMURA STORE
79-7408 Mamalahoa Hwy. Kainaliu 96750
808-322-3771   P.98
--
HOLOHOLO ISLAND TOURS
holoholoisland.com
808-747-5793   P.119
--
HOLUAKOA GARDENS & CAFÉ
76-5900 Old Government Rd. Holualoa 96725
808-322-5072   P.107
--
HONOLULU BEERWORKS
328 Cooke St. Honolulu 96813
808-589-2337   P.32
--
HOUND & QUAIL
920 Maunakea St. Honolulu 96817
808-779-8436   P.16

ISLAND SLIPPER
2201 Kalakaua Ave. #A211. Honolulu 96815
808-923-2222   P.17
--
IVORY
18 Kainehe St. Kailua 96734
808-492-5782   P.55

JAMES AFTER BEACH CLUB
3045 Monsarrat Ave. Unit 8. Honolulu 96815
808-737-8982   P.17

KAILUA BICYCLE
18 Kainehe St. Kailua 96734
808-261-1200   P.69
--
KAILUA GENERAL STORE
171 Hamakua Dr. Kailua 96734
808-261-5681   P.58
--
KAILUA TOWN FARMER'S MARKET
315 kuulei Rd. Kailua 96734
808-388-9696   P.93
--
KAIMUKI SUPERETTE
3458 Waialae Ave. Honolulu 96816
808-734-7800   P.33
--
KALAPAWAI CAFÉ
750 Kailua Rd. Kailua 96734
808-262-3354   P.66
--
KALAPAWAI MARKET
306 S Kalaheo Ave. Kailua 96734
808-262-4359   P.65
--
K & K BARBEQUE INN
130 Kailua Rd. #102A. Kailua 96734
808-262-2272   P.66
--
KCC FARMER'S MARKET
4303 Diamond Head Rd. Honolulu 96816
808-848-2074   P.93
--
KEAUHOU STORE
78-7010 Mamalahoa Hwy. Holualoa 96725
808-322-5203   P.100
--
KIMURA LAUHALA SHOP
77-996 Hualalai Rd. Holualoa 96725
808-324-0053   P.99

KOHALA BURGER & TACO
61-3665 Akoni Pule Hwy. #13-D. Kawaihae 96743
808-880-1923   P.108
--
KOKO HEAD CAFE
1145C 12th Ave. Honolulu 96816
808-732-8920   P.34
--
KONO'S
66-250 Kamehameha Hwy. #G110. Haleiwa 96712
808-637-9211   P.79

LANIKAI JUICE
572 Kailua Rd, Kailua 96734
808-262-2383   P.71
--
LEATHER SOUL
119 Merchant St. #100. Honolulu 96813
808-523-7700   P.18
--
LEONARD'S BAKERY
933 Kapahulu Ave. Honolulu 96816
808-737-5591   P.52
--
LIVESTOCK TAVERN
49 N Hotel St. Honolulu 96817
808-537-2577   P.35
--
LUCKY BELLY
50 N Hotel St. Honolulu 96817
808-531-1888   P.36

MACKY'S SWEET SHRIMP TRUCK
66-632 Kamehameha Hwy. Haleiwa 96712
808-780-1071   P.80
--
MANAGO HOTEL RESTAURANT
82-6151 Mamalahoa Hwy. Captain Cook 96704
808-323-2642   P.110
--
MAUNA LANI BAY HOTEL &BUNGALOWS
68-1400 Mauna Lani Dr. Puako 96743
808-885-6622   P.130
--
MERRIMAN'S
65-1227 Opelo Rd. Kamuela 96743
808-885-6822   P.109
--
MOKE'S BREAD & BREAKFAST
27 Hoolai St. Kailua 96734
808-261-5565   P.67
--
MONO
2013 S King St. Honolulu 96826
808-955-1595   P.19

MONSARRAT AVE SHAVE ICE
3046 Monsarrat Ave. Honolulu 96815
808-732-4001   P.52
--
MORI BY ART+FLEA
1050 Ala Moana Blvd. #1550. Honolulu 96814
808-593-8958   P.20
--
MORNING GLASS COFFEE+CAFÉ
2955 E Manoa Rd. Honolulu 96822
808-673-0065   P.36
--
MR. DONUT'S & BAKERY
134 S Hotel St. Honolulu 96813
808-545-2961   P.53
--
MR.ED'S BAKERY
28-1672 Old Mamalahoa Hwy. Honomu 96728
808-963-5000   P.117
--
MUD HEN WATER
3452 Walanae Ave. Honolulu 96816
808-737-6000   P.37
--

NORTH SHORE GOODIES
66-520 Kamehameha Hwy. #100. Haleiwa 96712
808-200-0575   P.80
--
NUMBER 808
66-165 Kamehameha Hwy. #4-4C. Haleiwa 96712
808-312-1579   P.75

OLIVE BOUTIQUE
43 Kihapai St. Kailua 96734
808-263-9919   P.58
--
OLIVER MEN'S SHOP
49 Kihapai St. Kailua 96734
808-261-6587   P.59
--
OPAL THAI FOOD
66-197 Kamehameha Hwy. #C. Haleiwa 96712
808-637-7950   P.81
--
ORIGINAL BIG ISLAND SHAVE ICE
61-3616 Kawaihae Rd. Kawaihae 96743
808-895-6069   P.117
--
OTTO CAKE
1127 12th Ave. Honolulu 96816
808-834-6886   P.38
--
OWEN'S & CO.
1152 Nuuanu Ave. Honolulu 96817
808-531-4300   P.18

PAIKO
675 Auahi St. Honolulu 96813
808-988-2165   P.21
--
PARKER RANCH STORE
67-1185 Mamalahoa Hwy. Waimea 96743
808-887-1046   P.101
--
PATAGONIA HALE'IWA
66-250 Kamehameha Hwy. Haleiwa 96712
808-637-1245   P.76
--
PERSIMMON
69-201 Waikoloa Beach Dr. #910. Waikoloa Village 96738
808-886-0303   P.101
--
PHO BISTRO 2
1694 Kalakaua Ave. #C. Honolulu 96826
808-949-2727   P.38
--
PIONEER SALOON
3046 Monsarrat Ave. Honolulu 96815
808-732-4001   P.39
--
PRIMA
108 Hekili St. #107. Kailua 96734
808-888-8933   P.68
--
PUEO'S OSTERIA
68-1845 Waikoloa Rd. Waikoloa 96738
808-339-7566   P.111

RAY'S KIAWE BROILED CHICKEN
66-160 Kamehameha Hwy. Haleiwa 96712
P.82
--
RED BAMBOO
602 Kailua Rd. #101. Kailua 96734
808-263-3174   P.60
--
ROBERTA OAKS
19 N Pauahi St. Honolulu 96817
808-526-1111   P.21

SAN LORENZO BIKINIS
66-57 Kamehameha Hwy. Haleiwa 96712
808-637-3200   P.76
--
SARENTO'S AT THE TOP OF ILIKAI
1777 Ala Moana Blvd. Honolulu 96815
808-955-5559   P.40
--
SIDE STREET INN
1225 Hopaka St. Honolulu 96814
808-591-0253   P.41

SIG ZANE DESIGNS
122 Kamehameha Ave. Hilo 96720
808-935-7077   P.102
--
SIMPLY NATURAL
45-3625 Mamane St. Honokaa 96727
808-775-0119   P.112
--
SOUTH SHORE PAPERIE
1016 Kapahulu Ave #160. Honolulu 96816
808-744-8746   P.22
--
STANDARD BAKERY, INC
79-7394 Mamalahoa Hwy. Kealakekua 96750
808-322-3688   P.113
--
STORTO'S DELI & SANDWICH SHOP
66215 Kamehameha Hwy. Haleiwa 96712
808-637-6633   P.82
--
SUNNY DAYS
3045 Monsarrat Ave. #6. Honolulu 96815
808-792-2045   P.42
--
SURF GARAGE
2716-2 S King St. Honolulu 96826
808-951-1173   P.22
--
SURF 'N HULA HAWAII
3588 Walalae Ave. Honolulu 968816
808-428-5518   P.23
--
SUSHI EBISUYA
179 Kilauea Ave. Hilo 96720
808-961-6840   P.113
--
SUSHI IZAKAYA GAKU
1329 S King St. Honolulu 96814
808-589-1329   P.47
--
SWEET E'S CAFÉ
1006 Kapahulu Ave. Honolulu 96816
808-737-7771   P.42

TAKA SURF
2310 Kuhio Ave. #136. Honolulu 96815
808-923-3961   P.49
--
TASTE TEA
1391 Kapiolani Blvd. Honolulu 96814
808-951-8288   P.53
--
TED'S BAKERY
59-024 Kamehameha Hwy. Haleiwa 96712
808-638-8207   P.89

SHOP AND RESTAURANT LIST

TEX DRIVE IN
45-690 Pakalana. #19. Honokaa 96727
808-775-0598   P.114

--

THE BEET BOX CAFE
66-437 Kamehameha Hwy. #104. Haleiwa 96712
808-637-3000   P.83

--

THE FISH & THE HOG
64-957 Mamalahoa Hwy. Waimea 96743
808-885-6268   P.114

--

THE HIBACHI
515 Kailua Rd. Kailua 96734
808-263-7980   P.71

--

THE KAHALA HOTEL & RESORT
5000 Kahala Ave. Honolulu 96816
808-739-8888   P.128

--

THE MAD HATTER'S TEA PARTY SUPPLIES
45-3587 Mamane St. Honokaa 96727
808-333-6140   P.103

--

THE NOOK NEIGHBORHOOD BISTRO
1035 University Ave. Honolulu 96826
808-942-2222   P.43

--

The PALMS CLIFF HOUSE INN
28-3514 Mamamiahoa HWY. Honomu 96728
808-963-6076   P.133

--

THE PIG & THE LADY
83 N King St. Honolulu 96817
808-585-8255   P.44

--

THE SALVATION ARMY
638 Kailua Rd. Kailua 96734
808-261-1756   P.60

--

TIN CAN MAILMAN
2026 Nuuanu Ave. Honolulu 96817
808-524-3009   P.23

--

TOWN
3435 Waialae Ave. #104. Honolulu 96816
808-735-5900   P.45

--

TRUEST
2011 S King St. Honolulu 96826
808-946-4202   P.24

UAHI ISLAND GRILL
131 Hekili St. #102. Kailua 96734
808-266-4646   P.67

UMEKE'S FISHMARKET BAR & GRILL
74-5563 Kaiwi St. Kailua-Kona 96740
808-238-0571   P.115

--

UNCLE BO'S BAR & GRILL
66-111 Kamehameha hwy. #101. Haleiwa 96712
808-797-9649   P.84

--

UNDER THE BODHI TREE
68-1330 Mauna Lani Dr. #116. Waimea 96743
808-895-2053   P.115

VIA GELATO
1142 12th Ave. Honolulu 96816
808-732-2800   P.53

--

VINTAGE ADVENTURE
79-7540 Mamalahoa Hwy. #H. Kealakekua 96750
808-430-2041   P.103

WAIALUA BAKERY & JUICE BAR
66-200 Kamehameha Hwy. Haleiwa 96712
808-341-2838   P.85

--

WAIKIKI SHORE
2161 Kailua Rd. Honolulu 96815
808-922-3871   P.132

--

WAIMEA VALLEY
59-864 Kamehameha Hwy. Haleiwa 96712
808-638-7766   P.86

--

WIMINI
326 Kuulei Rd. Kailua 96734
808-462-6338   P.61

--

WOW WOW HAWAIIAN LEMONADES
66-526 Kamehameha Hwy. Haleiwa 96712
808-673-8565   P.89

YAMA'S FISH MARKET
2332 Young St. Honolulu 96826
808-941-9994   P.45

12TH AVE GRILL
1120 12th Ave. Honolulu 96816
808-732-9469   P.46

88 TEES
2168 Kalakaua Ave. #2. Honolulu 96815
808-922-8832   P.24

【緊急時】

日本国総領事館
415-777-3533
[領事窓口]
月〜金 9:30AM-12PM、1PM-4:30PM
(緊急時は24時間対応)

--

警察・消防車・救急車
911 (緊急時以外は311へ)

【航空会社】

※すべて日本語のオペレーターが対応
日本航空
800-525-3663

--

全日空
800-235-9262

--

ユナイテッド航空
800-537-3366

--

アメリカン航空
800-237-0027

--

デルタ航空
800-327-2850

【カード会社】

アメリカン・エキスプレス
800-766-0106

--

ダイナースクラブ
011-81-45-523-1196 (コレクトコール)

--

マスターカード
800-627-8372

--

JCB
800-606-8871

--

VISA
800-635-0108

HELLO HAWAII

2016年4月21日　第一刷発行

Staff

Editor : Megumi Yamano
Photographer : 217..NINA
Designer : Kentaro Inoue(CIRCLEGRAPH)
Producer : Shunsuke Mizobuchi
Circulation : Aiko Miyata

発行人　佐野 裕
発行　トランスワールドジャパン株式会社

〒150-0001　東京都渋谷区神宮前6-34-15 モンターナビル
Tel : 03-5778-8599　Fax : 03-5778-8743

後援・協力
ハワイ州観光局　www.gohawaii.com/jp
Airbnb Japan株式会社　www.airbnb.jp
ハレクラニ　www.halekulani.com/jp
ザ・カハラホテル　jp.kahalaresort.com
マウナ ラニ ベイ ホテル&バンガローズ　www.maunalani.com
ハーツレンタカー　hertz.com

印刷・製本　日経印刷株式会社

Printed in Japan
©Transworld Japan Inc. 2016

本書の全部または一部を、著作権法で認められた範囲を超えて
無断で複写、複製、転載、あるいはデジタル化を禁じます。
乱丁・落丁本は小社送料負担にてお取り替え致します。
ISBN 978-4-86256-177-0

本書は2015年11月の取材調査データを基に編集されています。
今後、掲載内容に変更が生じることがあります。
掲載内容に変更があった場合、info@transworldjapan.co.jpまでご連絡くださいませ。
弊社より御礼をお送り致します。